Welcome to
지식인 마을

새싹마을

촘스키가

아크로폴리스

아고라

아인슈타인가

입구

지식인마을 34
프로이트 & 라캉

무의식의 초대

지식인마을 34 무의식의 초대
프로이트 & 라캉

저자_ 김석

1판 1쇄 발행_ 2010. 1. 27.
1판 12쇄 발행_ 2024. 11. 1.

발행처_ 김영사
발행인_ 박강휘

등록번호_ 제406-2003-036호
등록일자_ 1979. 5. 17.

경기도 파주시 문발로 197(문발동) 우편번호 10881
마케팅부 031)955-3100, 편집부 031)955-3200, 팩스 031)955-3111

저작권자 ⓒ 2010 김석
이 책의 저작권은 저자에게 있습니다. 서면에 의한 저자와 출판사의
허락 없이 내용의 일부를 인용하거나 발췌하는 것을 금합니다.

Copyright ⓒ 2010 by Kim Seok
All rights reserved including the rights of reproduction in whole
or in part in any form. Printed in KOREA.

값은 뒤표지에 있습니다.
ISBN 978-89-349-3622-0 04810
    978-89-349-2136-3 (세트)

홈페이지_ www.gimmyoung.com   블로그_ blog.naver.com/gybook
인스타그램_ instagram.com/gimmyoung   이메일_ bestbook@gimmyoung.com

좋은 독자가 좋은 책을 만듭니다.
김영사는 독자 여러분의 의견에 항상 귀 기울이고 있습니다.

지식인마을 34

프로이트 & 라캉
Sigmund Freud & Jacques Lacan

무의식의 초대

김석 지음

김영사

⊙ 일러두기

원어병기 – 프로이트와 라캉의 주요 개념의 경우 한국어 다음에 원어(독어, 프랑스어)와 영어표기를 병기했지만 번역이 힘든 경우 원어만 썼다. 널리 알려진 개념인 경우엔 영어만 표기했다.
예) 프로이트의 개념: 오이디푸스 콤플렉스 Ödipuskomplex, Oedipus complex
　　라캉의 개념: 욕망 désir, desire,　일반개념: 나르시시즘 Narcissism

Prologue 1 지식여행을 떠나며

잘 알지도 못하면서…

　소크라테스가 소피스트를 제치고 진정한 철학자로 존경받는 것은 역설적으로 '무지의 덕'을 내세웠기 때문이다. 자신이 그리스에서 가장 지혜로운 사람이라는 신탁을 받자 소크라테스는 "내가 아는 유일한 사실은 내가 아무 것도 모른다는 것이다"라고 고백했다. 이때부터 소크라테스는 각지를 돌며 지혜롭다는 사람들을 찾아다녔고, 자신이 어떤 덕을 찾아야 하고, 참된 진리가 무엇인지를 계속해서 질문했다. 질문과 답변이 되풀이될수록 현자들의 무지와 독선은 점점 드러났고 자신을 낮추던 소크라테스는 '지혜를 사랑하는 사람'으로 인정을 받기 시작했다. 진리의 학문인 철학의 출발점에는 이처럼 기존 지식과 앎에 대한 문제 제기와 철저한 무지의 인정이 있었다. 근대철학의 아버지인 데카르트의 코기토도 모든 것을 의심하는 방법적 회의에서 출발했다. 그는 심지어 자신의 존재까지도 의심에 부쳤다.

　철학자가 되기 위한 출발점은 이처럼 내가 잘 아는 지식과 통속적인 경험에 대한 반문이다. 자신이 이미 많은 것을 안다고 생각한다면 호기심을 갖지 않지만, 모른다고 인정하면 할수록 지식을 탐구하려는 욕망은 더욱 커지게 마련이다. '무지의 덕'은 겸손이 아니라 모든 학문적 탐구의 근본 조건인 것이다. 그런데 여기서 근본적인 질문을 던져보자. 과연 나는 참된 지혜를 추구하기 위해 질문을 던지는 내 자신을 잘 안다고 확신할 수 있을까? 지식이나 진리가 아니라 그것을 갈망하고 질문을 던지는 내 자신 말이다. 나는 과연 누구인가? 물론 누구나 이런 질문을 받으면 자신의 성격, 가족 관계, 삶의 이력,

자신이 경험한 사건들을 제시하면서 '나는 이러 이러한 사람이오'라고 답할 것이다. 그러나 내가 아는 나의 모습은 정말 확실한 것인가? 거기에는 오히려 내가 마음 쓸 수밖에 없는 타인의 평가 때문에 조율되고 인위적으로 만들어진 허위만 가득한 것은 아닐까? 내가 아는 나의 욕망이 진정 나의 것인지 아니면 사회가 만들어낸 부풀려진 신화들을 맹목적으로 좇는 허황된 모방은 아닌지 자신있게 대답할 수 있는가?

또한 주변의 가족, 친구, 지인들에 대한 나의 앎은 또 어떤가? 내가 이해하는 그들의 모습이 진정 그들의 참모습이며, 내가 베푸는 호의나 사랑은 왜곡 없이 그대로 전달되는가? 아주 친하거나 자신을 사랑한다고 생각했던 사람들로부터 상처를 받거나 오해를 사는 일도 종종 있지 않은가? 또한 한번 잘해보자고 좋은 의도로 한 말이나 행동이 상대의 마음을 상하게 만들고, 오해를 풀자고 대화를 할수록 감정만 더 나빠지는 경우도 종종 경험하지 않나?

오늘날 현대인이 접하는 정보의 양이나 학문의 발달은 눈부시지만 갈수록 현대인은 자신이 누구이고 진정으로 원하는 것이 무엇인지, 그리고 내 옆의 사람들은 나에게 어떤 존재인지 점점 혼란스러워 한다. 어떤 통계에 의하면 우리나라 성인남녀의 삼분의 일이 자신의 정체성에 대해 심각하게 고민한다고 한다. 사회가 점점 복잡해지면서 특히 인간관계에서 받는 상처 때문에 정신질환이나 크고 작은 스트레스로 고통 받는 사람도 늘고 있다. 꼭 흉악한 범죄가 아니더라도 우리는 반복되는 부딪힘 속에서 타인의 시선을 때로 지옥처럼 느끼기고 하고, 타인들 때문에 고통스러워하기도 한다. 그런데 사람이 가장 크게 상처 받는 경우는 전혀 모르는 사람이 아니라 내가 믿었던 사람에게 배신을 당하거나 그들이 자신의 기대에 어긋날 때다. 믿는 도끼에 발등 찍힌다는 말처럼 좋아하던 사람에게 서운한 일을 당하면 그 상처는 쉬 아물지 않으며, 이제 사랑과 우정이 증오와 복수욕으로 변하기도 한다. 나에게 가장 친숙한 존재들이 사실은 가장 위협적이고 치명적인 적이 될 수 있는 것이다.

작년 한해 문학을 제외한 인문서적 중에서 많이 팔린 도서는 심리학 관련 교양도서였다고 한다. 그 어느 때보다 자신이 누구며 내가 만나는 사람들을 어떻게 이해해야 하는지에 대한 대중의 관심이 크다는 반증이다. 특히 지금처럼 불황이 심하고, 현실에 대한 전망이 불투명할수록 자기 자신에 대해 알려고 하는 욕구도 커진다. 하지만 식자우환識字憂患이라고 새로운 앎이 더 큰 불안을 초래할 수도 있다. 하지만 문제는 맹목적인 앎이 아니라 앎에 대한 태도이다.

프로이트는 인간의 무의식을 탐구하는 정신분석학을 창시하면서 그것이 인간 삶에 빛과 소망이 아니라 페스트와 같이 껄끄럽고 불안한 새로운 골칫거리가 될지 모른다고 말했다. 라캉은 한술 더 떠 선의지로 무장한 도덕주체의 계몽적 윤리 대신 사드적 도착과 향유에 대한 맹목적 의지가 정신분석 윤리의 방향이라고 선포한다. 정신분석이야말로 인간이 숨기고 말하기 싫어하는 기억들을 끄집어내고, 의식을 부끄럽게 만드는 추악한 무의식을 무대화한다. 하지만 정신분석의 목표는 염세주의적 가르침, 이성과 상식의 부정, 성적 욕망의 찬양, 욕망의 부추김이 아니다. 그것은 오히려 참된 진리에 도달하기 위해 모든 것을 철저하게 부정하는 데카르트의 방법적 회의처럼 삶의 현실을 근본적으로 뒤집어서 대면하게 한다. 과연 내가 딛고 사는 이 세상과 철학과 과학으로 대표되는 근대 지식의 본성이 그렇게 확실한지, 우리는 타자에 대해 어떤 태도를 취해야 하는지 소크라테스처럼 근본적으로 물어보라고 재촉한다. 또한 일상 속에 숨겨진 나의 내밀한 욕망이 혹시 소외된 욕망은 아닌지 진정한 존재의 물음과 연관되는 욕망은 무엇인지 생각해보라고 말하는 것이 바로 정신분석의 가르침이다. 그러기에 라캉은 자신을 진리를 찾아 거리를 떠돌던 소크라테스에 비유하고, 프로이트의 무의식 탐구는 데카르트의 의심과 통한다고 하면서 치료가 아니라 욕망의 적극적인 추구를 강조한다. 또한 스피노자가 말한 것처럼 '욕망은 인간의 본질이다'라며 욕망의 절대성을 포기하지 말라고 강권한다.

홍상수 감독은 일상에 내재한 권태와 새로움을 차분하고 때로 코믹하게 보여주면서 사람들의 아주 소소한 심리와 숨겨진 속물적 근성을 잘 드러내는 것으로 유명하다. 2009년에 개봉된 「잘 알지도 못하면서」 역시 그의 영화에 매료된 관객의 기대를 배신하지 않는다. 영화의 매력은 이야기나 등장인물이 아니라 서로가 서로를 알지 못하면서 자못 진지하게 사랑을 고백하고, 서로 오해하고 비난하며 헤어지고, 또 다시 새로운 삶을 갈망하면서 여전히 속물적 근성을 버리지 못하는 인간적 모습들이다. 물론 그 재미의 이면에는 왠지 자신의 속마음을 들킨 것 같은 겸연쩍음과 그 때문에 불편한 감정도 솔직히 있을 것이다. 아무튼 영화의 주인공들은 너무 '찌질'하고 때로 과장되어 있지만 이중적으로 우리가 사는 일상의 모습들을 재연한다. 예컨대 주인공 구경남이 힘드니까 자기에게 짜증 내지 말라고 불평하는 여자 친구와 전화 통화를 하면서 "이 여자는 이제 너무 힘들다. 내 말을 너무 듣지 않는다"고 혼자 말을 하는 장면. 그리고 아주 오랜만에 만난 후배의 부인에게 뭔가 오해를 불러 일으켜 후배의 돌을 맞고

절교 선언을 당하는 모습. 제주도에서 자신이 한때 좋아했지만 이제 존경하는 선배의 부인이 된 여자를 만나 정사를 나누는 장면. 그리고 그 여자에게 자신이 여태 만나지 못한 이상적인 짝이라고 고백하면서 어설프게 유혹하는 장면. 마지막에 구경남이 지금처럼 나이든 사람과 살면 그녀가 나중에 외로워질 것이라고 하자, 여자는 "나에 대해 뭘 안다고 그래요. 잘 알지도 못하면서…"라고 면박을 준다. 로맨틱하거나 감동적이기보다 한마디로 궁색한 인물들이 치고받는 이야기이다. 그리고 영화의 제목과 유사한 대사와 상황이 자주 반복되는 것이 이 영화의 특징이다.

영화 속 대사처럼 우리는 서로에 대해 잘 알지도 못하면서 많은 얘기를 하고, 많은 기대를 품으며, 많이 아는 것처럼 남을 평가한다. 그리고 구경남처럼 겉으로는 사회적 성공이나 평판에 신경 쓰지 않는 것처럼 쿨하게 굴지만 성공한 후배를 질투하고, 예술 영화를 한다고 하면서도 다른 여자들에게 딴마음을 먹기도 한다. 경남은 꿈 속에서 자신이 앞으로 사람들이 좋아하는 영화를 만들어 돈도 많이 벌 테니 걱정하지 말라며 그날 처음 본 후배의 부인을 끌어안는다. 꿈속의 상황은 후배가 심장마비로 갑자기 사망한 장면이다.

영화가 전달하는 메시지처럼 내가 나를 모르는데 더구나 남에 대해 알 수는 없을 것이다. 더욱이 우리 사회처럼 체면과 남의 시선을 중시하는 사회에서는 누구나 두툼한 보호막을 걸치고, 어느 정도의 위장 속에서 속내를 감추고 살 수밖에 없다. 또한 남들과 관계를 맺을수록 자신이 쓰는 가면인 페르소나도 다양해진다. 그러면서도 반복되는 일상 속에서 탈출하여 구경남처럼 새로운 삶을 살려고 꿈꾸기도 한다. 모든 것을 제로로 돌리려는 '리셋증후군'이 현대인이 겪는 신경증의 하나이기도 하다. 하지만 새로운 삶, 이상적 관계, 자신만의 순수성을 전혀 잃지 않으면서 동시에 사회적으로 성공하는 것은 사실은 불가능한 꿈일지도 모른다. 남녀의 사랑만 하더라도 아무리 서로를 사랑하고 평생을 같이 보내도 서로가 서로에게 끝내 타인인 것을 자주 발견한다. 도대체 새로운 것이 있기나 한가? 오히려 초현실주의자들이 그랬듯 날마다 되풀이되는 사소한 일상 속에서 새롭고 낯설게 돌아오는 삶의 경이를 발견하면서 매번 놀라는 게 진리에 더 가까울지 모른다. 라캉이 말한 것처럼 실재란 저 너머의 초월적인 무엇이 아니라 우리 발밑에 늘 붙어서 자신을 문득문득 드러내는 잃어버린 대상이기 때문이다.

일상의 삶을 정면으로 응시해보라. 그리고 아름답지만은 않은 삶에 내재한 숨겨진 가치를 발견하면서 소외되어온 내 존재의 목소리에 귀를 기울여보자. 삶의 주체로 자신을 세우기 위해서는 바로 여기 이곳에서 내가 외면하고 잊고 지냈던 삶의 실재와 대면하려는 마음가짐이 중요하다. 최근 들어 '독서 치료', '시 치료', '그림 치료', '연극 치료' 등 치료를 강조하는 심리 연구의 흐름이 늘고 있다. 또한 자기계발, 명상, 마음수련, 참선, 템플스테이 등 복잡한 일상을 잠시 떠나 내면의 발견을 시도하는 훈련 프로그램도 늘고 있다. 모두가 위로와 안식을 찾는 현대인들의 요구에 부합하여 나온 것이다. 하지만 정작 중요한 것은 프로그램이 아니라 나의 의지와 현상태를 바로 보려는 자각이다. 이 자각은 먼저 욕망의 주인 행세를 하는 자아 자체가 내 욕망을 왜곡하고, 속일 수 있다는 전복적 깨달음을 포함한다. 그리고 그 자각에는 주체의 삶은 이미 소비를 조장하는 자본주의의 현실에 의해 충분히 소외되어 있고, 타자의 시선과 압박 속에서 왜곡을 겪을 수밖에 없지만 그러한 삶의 부조리를 먼저 인정하라는 역설적 자유가 있다. 인과율의 발견이 구속이 아니라 새로운 자유의 조건이 될 수 있다는 것이 정신분석 윤리의 핵심이기도 하다. 정신분석은 욕망과 집착에서 벗어나 해탈하여 초월적 삶을 누리거나 무절제하게 욕망을 추구하라는 양자선택이 아니다. 정신분석은 이것과 저것을 다 인정하면서도 그 어느 것에도 매몰되지 말 것을 강조하는 이율배반의 행동에 가깝다. 소크라테스로부터 우리가 배울 것은 진리에 대한 새로운 정의나 처세술이 아니라 진리에 대해 질문을 던지면서 지혜를 탐구하는 것이 바로 윤리의 본질이라는 사실이다. 그리고 그 진리는 정합적인 이성의 진리가 아니라 내가 아는 상식과 신념을 뒤흔들면서 무지 속에서 끊임없이 회의하게 만드는 무의식적 욕망에 더 가깝다. 무의식적 욕망이 대면하게 만드는 현실은 때로 당황스럽고 추악할 수도 있지만 존재가 그곳에 있다. 당신은 무의식의 초대에 응할 것인가?

2010년 1월

Prologue 2 이 책을 읽기 전에

「지식인마을」시리즈는…

「지식인마을」은 인문·사회·과학 분야에서 뛰어난 업적을 남긴 동서양대표 지식인 100인의 사상을 독창적으로 엮은 통합적 지식교양서이다. 100명의 지식인이 한 마을에 살고 있다는 가정하에 동서고금을 가로지르는 지식인들의 대립·계승·영향 관계를 일목요연하게 볼 수 있도록 구성했으며, 분야별·시대별로 4개의 거리(street)를 구성하여 해당 분야에 대한 지식의 지평을 넓히는 데 도움이 되도록 했다.

「지식인마을」의 거리
플라톤가 플라톤, 공자, 뒤르켐, 프로이트같이 모든 지식의 뿌리가 되는 대사상가들의 거리이다.
다윈가 고대 자연철학자들과 근대 생물학자들의 거리로, 모든 과학 사상이 시작된 곳이다.
촘스키가 촘스키, 벤야민, 하이데거, 푸코 등 현대사회를 살아가는 인간에 대한 새로운 시각을 제시한 지식인의 거리이다.
아인슈타인가 아인슈타인, 에디슨, 쿤, 포퍼 등 21세기를 과학의 세대로 만든 이들의 거리이다.

이 책의 구성은
「지식인마을」 시리즈의 각 권은 인류 지성사를 이끌었던 위대한 질문을 중심으로 서로 대립하거나 영향을 미친 두 명의 지식인이 주인

공으로 등장한다. 그리고 다음과 같은 구성 아래 그들의 치열한 논쟁을 폭넓고 깊이 있게 다룸으로써 더 많은 지식의 네트워크를 보여주고 있다.

초대 각 권마다 등장하는 두 명의 주인공이 보내는 초대장. 두 지식인의 사상적 배경과 책의 핵심 논제가 제시된다.
만남 독자들을 더욱 깊은 지식의 세계로 이끌고 갈 만남의 장. 두 주인공의 사상과 업적이 어떻게 이루어졌으며, 그들이 진정 하고 싶었던 말은 무엇이었는지 알아본다.
대화 시공을 초월한 지식인들의 가상대화. 사마천과 노자, 장자가 직접 인터뷰를 하고 부르디외와 함께 시위 현장에 나가기도 하면서, 치열한 고민의 과정을 직접 들어본다.
이슈 과거 지식인의 문제의식은 곧 현재의 이슈. 과거의 지식이 현재의 문제를 해결하는 데 어떻게 적용될 수 있는지 살펴본다.

이 시리즈에서 저자들이 펼쳐놓은 지식의 지형도는 대략적일 뿐이다. 「지식인마을」에서 위대한 지식인들을 만나, 그들과 대화하고, 오늘의 이슈에 대해 토론하며 새로운 지식의 지형도를 그려나가기를 바란다.

지식인마을 책임기획 장대익
서울대학교 자유전공학부 교수

Contents 이 책의 내용

Prologue 1 지식여행을 떠나며 · 5
Prologue 2 이 책을 읽기 전에 · 12

초대
무의식의 초대 · 18
한니발이 살인을 하는 이유는? | 프로이트, 무의식을 말하다
문명이 가져온 고통 | 나는 내가 욕망하는 것을 알지 못한다

만남

1. 히스테리와 무의식의 발견 · 38
히스테리, 무의식적 기억에 의한 고통 | 무의식에 이르는 왕도, 꿈
압축과 전치 | 도라의 꿈

2. 오이디푸스 콤플렉스와 성 충동의 발달 · 61
모든 이들은 상상 속에서 오이디푸스 왕이었다 | 성 충동의 발달

3. 메타심리학과 사회의 기원 · 84
1차 정신 기구 모델 | 2차 정신 기구 모델 | 사회의 기원과 신경증

4. 거울 단계와 자아 · 109
거울 단계와 상상계 | 자아는 타자다 | 의식과 지식의 망상적 성격

5. 상징계와 무의식 주체 · 128
시니피앙 논리와 상징계 | 오이디푸스 과정과 주체의 탄생
무의식은 대타자의 담론이다 | 무의식의 주체는 욕망의 주체다

6. 실재계와 죽음 충동 · 148
실재는 언제나 그 자리에 있다 | 실재는 상징화에 저항한다
죽음 충동과 욕망 | 승화와 궁정풍 사랑

 대화
타이타닉 선상에서의 대화 · 174

 이슈
성차, 본질적인 차이인가, 후천적인 차이인가? · 196
진화심리학의 성차 이론 | 정신분석의 성차 이론 | 사랑의 환상

Epilogue 1 지식인 지도 · 212 2 지식인 연보 · 214
3 키워드 찾기 · 217 4 깊이 읽기 · 222
5 찾아보기 · 228

Sigmund Freud

Chapter 1

✉ 초대
INVITATION

Jacques Lacan

📩 초대

무의식의 초대

한니발이 살인을 하는 이유는?

2007년 개봉된 피터 웨버^{Peter Webber} 감독의 「한니발 라이징^{Hannibal Rising}」은 영화 사상 가장 잔인하고 지능적인 살인마 캐릭터 '한니발 렉터^{Hannibal Lecter}' 시리즈의 완결판이자 그 기원을 다룬 심리 영화다. 박학한 지식, 예술적 열정과 안목, 상대를 압도하는 강한 카리스마를 소유한 완벽한 팔방미인이지만 냉혹한 방법으로 사람을 죽여 인육을 먹는 엽기적인 살인마 한니발 렉터 박사. 하지만 그는 악의 화신이라기보다는 오히려 선과 악을 초월해 그 구분을 무의미하게 만들면서 인간 내면의 악마적 충동을 가장 냉정하게 실현해나가는 인물이다.

「한니발 라이징」은 한니발의 어린 시절로 돌아가 그가 괴물로 탄생하게 되는 과정을 그리고 있다. 2차 세계대전이 한창이던 라트비아. 한니발과 여동생 미셸은 오두막에 숨어 있던 중 도주하던 독일군 패잔병에게 발각된다. 한겨울의 오두막에 갇혀버린 패잔병들은 배고픔에 시달리다 결국 한니발의 여동생을 잡아먹는다. 전쟁에서 살아남은 한니발은 유일한 혈육인 삼촌을 찾아 프랑스로 탈출하는데, 삼촌은 이미 고인이 되었고 미모의 숙모 '레이디 무라사키'Lady Murasaki'가 한니발을 거둬 기른다. 숙모의 보살핌으로 의대에 진학한 한니발은 해부학과 예술에 심취하면서 사무라이의 도道와 무예武藝도 배운다. 그러면서 여동생을 죽인 장본인들을 찾아 복수를 감행하고 점차 잔인한 살인마로 변해간다. 영화는 새로운 한니발 렉터의 살인 행각을 예고하며 막을 내린다.

전형적인 범죄 스릴러인「한니발 라이징」을 정신분석학의 입장에서 분석하면 여러 면에서 흥미로운 점을 찾아볼 수 있다. 이 영화에서 눈여겨봐야 할 것은 복수의 정당성이 아니라 영화의 마지막에서 괴물 한니발의 탄생을 알리는 대반전이 이루어지는 점이다. 한니발은 어렸을 적 동생의 비참한 죽음을 목격한 후 밤마다 악몽에 시달리며 괴로워하지만 한니발의 희생자의 입을 통해 사실은 그 역시 동생을 먹어치운 범죄에 소극적 형태나마 가담했음이 밝혀진다. 그리고 그것이 한니발에게 죄책감과 동시에 무의식적으로 인육을 먹는 것을 즐기는 욕구를 불러일으켰음을 암시한다. 정신분석학적으로 본다면 한니발이 밤마다 꾸는 악몽은 한편으로는 기억에서 지우고 싶은 트라우마trauma이지만, 또 한편으로는 그에게 잠재된 공격성을 일깨우고 자극하는 욕망의 원천이다. 한니발은 동생의 일로 계속해서 죄책감을 느끼고 그것 때문에 복수를 다짐하면서도, 한편으로는 원초적 트라우마의

● ● ●
강한 카리스마와 지적 능력을 소유한 엽기적인 살인마 한니발 렉터의 어린 시절을 그린 「한니발 라이징」의 포스터.

상황이 되풀이되기를 바라는 은밀한 무의식적 소원에 이끌리고 있는 것이다.

결국 한니발의 살인은 동생의 원수를 갚는 것으로 끝나지 않고 내면의 악마적 충동을 점차 대담하게 끌어내면서 계속해서 살인을 즐기고 탐닉하는 상태로 발전한다. 지그문트 프로이트 Sigmund Freud, 1856~1939는 한니발처럼 전쟁에서 살아온 병사들이 밤마다 악몽에 시달리는 것을 보면서 인간의 내면에 지속적으로 작용하는 '죽음 충동'이 있으며 그것이 악몽과 환상을 만들어내며 은밀한 파괴 욕망을 충족시킨다고 설명한다. 그런 점에서 극단화된 캐릭터인 한니발은 누구나 잠재적으로 품고 있는 공격성과 존재 불안, 그리고 반복되는 무의식적 충동과 그 지배력을 잘 보여준다.

인간의 행동은 의식적 동기와 표면화된 이유만으로는 충분히 설명이 안 될 때가 많다. 그래서 한니발의 행동은 무의식적 욕망과 반복 강박을 통해 설명할 때만 제대로 이해될 수 있다. 한니발처럼은 아니지만 우리도 일상생활에서 가끔씩 특정한 꿈을 반복적으로 꿀 때가 있다. 이러한 꿈은 종종 평소 내가 알지 못하는 잠재된 욕망을 보여주기도 한다. 마찬가지로 자신도 모르게 엉뚱한 소리를 하거나 평소 생각과 전혀 다른 이야기들을 무심코 내뱉으면서 깜짝 놀랄 때가 있다. 우리는 이런 것을 말실수로 치부하고 변명하지만 그것이 오히려 나의 깊은 속내를 더 잘 드러내줄 때가 많다. 이 모든 것은 프로이트가 말한 것처럼 의식을 벗어나는 무의식의 존재를 가정하고, 그 무의식이 인간의 정신적 삶에서 더 본질적이라고 인정할 때만 온전하게 설명할 수 있다.

자크 라캉^{Jacques Lacan, 1901~1981} 또한 인간의 세계는 자연적 환경이 아니라 언어와 상상적 작용을 통해 재구성된 '상상계'라고 설명한다. 상상계는 온전하게 통합된 세계가 아니라 언제나 균열되어 있으며 충족되지 못한 욕망이 순환되는 불완전한 세계다. 그것은 언어가 존재의 모든 것을 설명하지 못하기 때문이다. 상상계의 균열을 라캉은 무의식을 통해 설명하면서 무의식은 내가 알지 못하는 불가능한 지식이라고 말한다. 인간의 삶은 의식의 작용뿐 아니라 무의식적 욕망을 통해 설명할 때 온전한 퍼즐로 맞출 수 있다.

프로이트, 무의식을 말하다

프로이트는 무의식의 발견자로 널리 알려져 있지만 사실 프로이트 이전에도 무의식에 대해 이야기한 학자들은 여럿 있었다. 꿈이 심적 작용의 특별한 산물이라는 것도 여러 사람이 이미 주목했다. 동서양을 막론하고 고대부터 인간의 꿈은 길흉화복과 미래를 예견하는 단서로 여겨지면서 신비화되기도 했다. 예로부터 아이를 임신하기 전에는 태몽을 꾸며, 안 좋은 일이 있을 때는 꿈에 조상을 본다는 말이 있다. 『구약성경』「창세기」에 나오는 요셉과 파라오 이야기도 꿈이 개인이 아니라 한 나라의 미래를 보여주는 전형적인 예시적 사례로 기록되어 있다. 프로이트는 인간 정신의 이런 다양한 현상들의 근원을 탐구하고 정신 과정의 본질을 무의식에서 찾으면서 무의식을 과학적으로 다루는 새로운 학문인 정신분석학^{Psychoanalysis}을 창시한다.

프로이트 이전 사람들은 광기나 육체적 정념, 꿈에 나타나는 신비한 이미지를 보면서 인간이 알지 못하는 어떤 신비한 힘이 존재한다고 믿었다. 그리고 의식이 파악하지 못하는 신비한 느낌이나 생각들을 막연하게 무의식이라 불렀다. 무의식에 대한 이러한 통속적 생각은 특히 18세기 낭만주의* 관념에서 두드러진다.

19세기에 들어서면서 프리드리히 셸링$^{Friedrich\ Schelling,\ 1775~1854}$, 아르투르 쇼펜하우어$^{Arthur\ Schopenhauer,\ 1788~1860}$, 프리드리히 니체$^{Friedrich\ Nietzsche,\ 1844~1900}$ 같은 일군의 독일 철학자들은 이성 중심주의에 반대해 이성이 미치지 못하는 무의식적 관념이나 충동을 중시했

오스트리아의 신경과 의사였던 지그문트 프로이트는 히스테리 치료 과정에서 인간의 정신에는 의식에서 억압된 기억과 표상 등을 내용으로 하는 무의식의 영역이 존재한다고 주장하면서 무의식을 과학적으로 다루는 새로운 학문인 정신분석학을 창시했다.

다. 이들은 인간의 정신이 합리적이고 이성적인 부분과 그렇지 않은 부분으로 이루어져 있기 때문에 존재의 심연에 묻혀 있는 무의식의 부분을 고려해야 한다고 강조한다. 셸링은 자연이 양

낭만주의

이성과 계몽사상을 중시하는 고전주의 전통에 반발해, 인간 내면의 감각과 욕구를 강조하고 인간을 그 자체로 이해하려는 경향으로, 18세기부터 유럽에 확산된 문예 사조. 낭만주의는 예술에서 인간의 내면적인 느낌과 상상력을 중시하고, 개인의 고양된 감성을 표현하는 데 치중한다. 이렇게 개인주의 경향과 통하는 성격으로 인해 신흥 부르주아 세력의 대두와 더불어 점차 확대되었다. 낭만주의의 특성은 개인주의와 유기체적 사회관, 그리고 이 둘의 조화를 강조하는 데 있다.

극성에 의해 지배된다고 보면서 균형을 추구하는 힘들의 갈등으로 현상을 설명한다. 쇼펜하우어와 니체는 삶을 추동하는 생의 충만한 의지에 주목하면서 정신은 상이한 부분의 힘의 갈등과 타협에 의해 늘 격렬하게 요동치는 특유의 역동성을 가지고 있기 때문에 의식적 차원만 강조해서는 안 된다고 한다.

프로이트는 이러한 전통을 계승하고 비판적으로 종합하면서 최초로 무의식을 체계적으로 개념화했다. 프로이트는 특히 히스테리$^{\text{Hysterie; hysteria}}$를 연구하면서, 무의식이 억압에서 기인하며 억압된 기억은 사라지지 않고 다시 돌아와 정신 과정을 지배한다는 확신에 도달한다. 프로이트는 무의식을 '다른 장면$^{\text{ein anderer Schauplatz}}$'이라 불렀는데, 이는 무의식은 의식하는 자아를 관객의 위치에 놓고 자신도 모르게 벌어지는 행동을 보면서 놀라게 만드는 정신 작용이라는 의미이다. 다른 장면으로 나타나는 무의식의 전형적인 특성을 잘 보여주는 것이 바로 꿈이다.

그렇지만 프로이트는 무의식을 영혼의 감춰진 부분이나 신비한 육체적 힘으로 보는 것에는 반대한다. 무의식은 언제나 의식과 함께 작용하기 때문이다. 프로이트에 의하면 의식은 불쾌한 표상이나 기억을 쫓아내고 망각하려 하는데 이렇게 억압된 것이 무의식의 내용을 이룬다. 억압된 것은 여러 증상이나 환각을 통해 표현되며 의식의 통제를 피해 교묘하게 드러난다. 억압이 신체적 증상이나 정신의 관념을 통해 드러나는 것이 신경증$^{\text{nourose; neurosis(독일어)}}$*의 여러 증상이다. 하지만 프로이트에 따르면, 정도의 차이가 있을 뿐 누구나 사회적 삶을 영위하면서 특정한 표상이나 기억을 억압할 수밖에 없기 때문에 모든 인간은 잠재적으로 신경증 환자다.

문명이 가져온 고통

프로이트는 인간이 겪고 있는 신경증의 원인을 문명에서 찾는다. 문명은 인간의 본성을 억압하고 길들이기 때문에 자연에서 벗어나 문명이라는 테두리에 들어가는 순간부터 인간은 여러 가지 고통과 갈등 속에 살게 된다는 것이 프로이트의 설명이다. 또한 무의식의 기원이 되는 오이디푸스 콤플렉스Ödipuskomplex; Oedipus complex가 문명의 출발점에도 동일하게 자리 잡고 있다고 말한다. 오이디푸스 콤플렉스의 극복 과정은 본능을 포기하고 억압할 때만 가능하기 때문에, 주체는 아버지의 금지와 법을 수용한다. 그러면서도 언제나 금지된 욕망을 꿈꾼다. 사회화는 자연적인 본능을 길들이고 사회적으로 용인된 방식으로 그 본능을 표출하는 것을 배우는 과정이다. 이러한 사회화 과정은 필연적으로 억압과 그 억압에 따른 다양한 증상을 수반한다.

■ 신경증

원래 인격적 장애를 초래하는 신경 계통의 질병을 일컫는 말이었으나, 프로이트가 임상의 세 가지 핵심 구조(신경증, 도착증, 정신병)의 하나로 재정의했다. 신경증은 하위 범주로 히스테리와 강박증을 포함한다. 히스테리는 억압된 기억과 표상이 주로 특정 신체 부위의 마비, 국소적 통증, 기침, 실어증 등의 신체 장애로 나타나면서 심하면 환각이나 의식 분열에 시달리는 병적 상태. 강박증은 주로 특정한 생각이나 행동에 집착하고 이를 계속해서 반복하면서 불안이나 공포에 시달리는 불안정한 상태를 말한다. 정신분석 임상은 신경증을 주된 치료의 대상으로 삼는데, 프로이트는 신경증의 원인을 성적 억압에서 찾는다.

프로이트는 현대인이 겪는 대표적인 세 가지 고통으로 '신경증', '약물 중독', '정신병'을 들었다. 비록 우리가 프로이트의 무의식 이론에 흔쾌히 동의하지는 않더라도 현대인이 여러 가지 스트레스와 정신적 고통 속에 살고 있다는 것은 쉽게 인정할 것이다. 정신병이나 약물 중독은 좀 극단적인 경우지만, 신경증과 관련해서는 누구나 한두 가지 정도의 강박 증세를 갖고 있거나 일시적인 히스테리 증상을 쉽게 겪는다.

우리나라 보건복지부가 발간한 「2006년 정신질환 실태 역학 조사 보고서」를 보면 우리나라 성인 100명 중 8명은 1년에 한 가지 이상의 정신 장애를 겪는 것으로 조사됐다. 이를 환자 수로 추정하면 약 264만여 명에 이른다. 특히 정신 장애 중 우울증의 비중이 꾸준히 증가하는 것으로 나타났다. 우울증은 우리 주변에서 비교적 쉽게 발견되는 정신 장애임에도, 그 심각성이 제대로 인식되지 않아 자살과 같은 치명적인 결과로 귀결되는 경우가 많다. 연예인을 비롯한 사회 유명인사들이 우울증 때문에 자살하면서 사회적으로 충격을 주기도 했다. 유명인의 자살 때문에 사회적 관심사가 된 것일 뿐, 우울증은 이미 현대인에게 가장 빈번하게 발생하는 정신 질환의 하나다. 여성의 10~25퍼센트, 남성의 5~12퍼센트가 적어도 평생에 한 번은 우울증에 걸린다고 한다. 우울증은 원인이 분명치 않은 슬픈 감정이 지속되면서 소화 불량, 수면 장애 등의 신체적 증상과 함께 자기 비하, 죄책감 등이 나타나는 증상으로, 제때에 치료하지 않으면 자살이나 파괴적 행동으로 발전하기 쉽다.

프로이트에 의하면 우울증이란 상실된 대상에 대한 리비도적 집착에서 자아가 빠져나오지 못하고 그 원인을 자신에게 돌리는 정신적 공황 상태다. 결국 자아는 잃어버린 대상에 자신을 동일시하면서 죄책감에 시달리는데, 이것이 초자아의 비난을 통해 자기 파괴 양상으로 발전한다. 이 때문에 우울증 환자가 쉽게 자살을 선택하는 것이다. 프로이트 이전까지는 정신적 장애를 신체적인 장애나 유전적인 요인에서 찾았으나, 프로이트는 정신장애가 심적인 것에 기인함을 분명히 하고 무의식과의 연관성을 보여줌으로써 임상 치료에 획기적으로 기여했다.

우울증 이외에도 현대인들은 여러 가지 스트레스와 억압 때문에 다양한 정신장애를 보인다. 강박증도 비교적 흔한 예다. 강박신경증은 불합리한 생각이나 감정에 사로잡혀 고통을 받는 경우다. 주체는 강박적 관념이나 감정이 잘못되었다는 것을 알지만 그로부터 헤어나려고 하면 할수록 더욱더 그것에 빠지며, 특정한 행동을 의식처럼 반복하지 않으면 불안해서 견딜 수 없다. 예를 들어 손이 더럽다며 하루에도 몇십 번씩 손을 씻거나, 특정한 물건을 잃어버리면 못 견디는 것, 가스 불을 끄거나 전등 스위치를 내리고도 다시 몇 번씩 확인하면서 초조해하는 것 등이 전부 강박증 증세다. 영화 「이보다 더 좋을 순 없다 As Good As It Gets」 (1997)에서 잭 니콜슨이 연기한 멜빈 유달은 강박증 환자의 전형적 증세를 잘 보여준다. 유달은 보도블록의 금을 밟지 않기 위해 요리조리 피해 걷고, 한 번 쓴 비누는 곧바로 버리며, 식당에서 식사할 때도 직접 챙겨 온 일회용 숟가락과 포크만을 사용한다. 그리고 마치 종교 의례라도 수행하는 것처럼 늘 같은 시간에 같은 레스토랑에 가서 같은 자리에 앉아 식사를 해야 한다. 사람

들과도 잘 어울리지 못하고, 옆집의 이웃들을 경멸하면서도 한편으로는 외로움에 시달린다. 유달이 비록 나름의 사회적 삶을 살고는 있지만 우리는 그가 정상인과는 다르다는 것을 쉽게 알 수 있다. 이처럼 강박증을 보이는 사람들은 우울증 환자들과 달리 사회생활을 영위할 수 있지만 강박 증세 때문에 본인도 괴로울 뿐만 아니라 주변 사람들도 피곤하게 한다. 그러나 영화 속의 유달처럼 특정한 계기가 주어지거나 적절한 치료를 받는다면

●●● 우울증 이외에도 현대인들은 여러 가지 스트레스와 억압 때문에 다양한 정신장애를 보인다. 강박증도 비교적 흔한 예다.

강박증은 치유될 수 있다.

이처럼 현대인들은 크건 작건 여러 가지 장애로 고통받고 있다. 그리고 이는 개인의 본능을 사회적인 기준과 타인의 시선에 맞추어 길들여가야 하는 문명 속의 인간이 겪는 어쩔 수 없는 운명이다. 프로이트는 1908년 출판된 논문 「'문명적' 성도덕과 현대인의 신경병Die 'kulturelle' Sexualmoral und die moderne Nervosität」, 그리고 1930년에 출판된 책 『문명 속의 불만Das Unbehagen in der Kultur』을 통해 현대인들이 겪는 정신 장애의 원인을 상세하게 분석하고 있다. 프로이트는 문명과 문화에 대해 어느 철학자들보다 날카롭게 비판하지만 염세주의로 흐르지는 않는다. 문명을 거부하고 자연으로 돌아갈 것을 요구하는 게 아니라, 정신 장애의 근본 원인을 이해하면서 그것에 효과적으로 대처하기 위해 무의식을 탐구할 것을 요구하는 것이다. 정신분석 이론은 인간 정신의 본질에 대한 인문과학적 분석일 뿐 아니라, 임상을 통해 치료에도 기여하는 실천적 학문이다.

나는 내가 욕망하는 것을 알지 못한다

'프로이트의 후계자'라 일컬어지는 라캉은 1950년부터 '프로이트로의 복귀'를 슬로건으로 내걸고, 국제정신분석협회International Psychoanalytical Association (IPA)의 교조주의적인 프로이트주의Freudianism 해석과 자아심리학에 맞서 투쟁한다. '프로이트로의 복귀'는 한편

으로는 프로이트주의의 본질적 성과들을 올바로 계승하고, 다른 한편으로는 새로운 학문적 성과를 차용해 정신분석 이론을 재구성하겠다는 의지를 담은 구호다. 라캉은 무의식의 언어적 구조와 본성을 강조하고 욕망을 재해석함으로써 프로이트의 발견들을 철학적으로 더 세련되고 풍성하게 다듬었다. 라캉의 주장은 '무의식은 대타자의 담론이다'와 '인간의 욕망은 대타자의 욕망이다'로 요약된다. 라캉은 주체와 시니피앙signifiant; signified의 관계가 정신분석의 핵심 주제라고 강조하는데, 이는 무의식 주체의 욕망과 관계가 있다.

욕망이라는 말을 들으면 어떤 대상에 대한 집착이나 탐욕을 떠올리지만 라캉이 말하는 욕망은 존재 결여에서 비롯되는 소외의 표현이다. 현대인은 그 어느 때보다 풍요로운 소비의 시대를 살고 있으며, 소비하고 즐기는 행위를 통해 스스로의 존재 의식을 확보한다. 사회학자 장 보드리야르Jean Baudrillard, 1929~2007*는 자신의 저서 『소비의 사회La Société de consommation』(1970)에서 소비가 사회를 움직이는 주요한 원동력이며, 나아가 소비주의가 일상의

■ 장 보드리야르

보드리야르는 소비 이론을 중심으로 현대 미디어 사회의 대중문화와 소외 메커니즘을 비판적으로 설명한다. 보드리야르가 말하는 소비는 특정 대상을 구입하는 행위가 아니라, 그 상품에 내재한 기호를 취하는 행위다. 예를 들어 자동차는 탈것의 의미보다는 소비자의 사회적 지위와 신분을 알려주어 자신을 남들과 구별시키는 기호로 작용한다. 우리는 기호화된 각각의 자동차를 소비하면서 상품 교환 체계에 편입된다.

프랑스의 정신분석학자이자 철학자인 자크 라캉은 무의식의 언어적 구조와 본성을 강조하고 욕망을 재해석함으로써 프로이트의 발견들을 철학적으로 더 세련되고 풍성하게 다듬었다.

다양한 문화를 지배한다고 분석한다. 여기서 소비는 대상에 대한 향유가 아니라 차이를 발생시키는 기호의 소비다. 사람들은 계속해서 소비하고 나만의 개성을 보장하는 명품과 상표로 치장하지만, 그럴수록 소외는 더 깊어진다. 인간은 능동적으로 소비하고 합리적으로 행동하는 것 같지만, 사실은 자신의 욕망이 무엇인지 모르고 살아간다.

라캉이 말하는 대타자의 욕망이란 인간의 욕망이 교환의 구조인 상징계에서 타인들의 욕망을 통해 인정될 때만 의미를 갖기에 필연적으로 타자의 욕망에 의존적일 수밖에 없음을 뜻한다. 라캉은 욕구$^{\text{besoin; need}}$, 요구$^{\text{demande; demand}}$, 욕망$^{\text{désir; desire}}$을 세심하게 구별한다. 이것은 어린아이가 언어를 배우는 과정을 염두에 두면 이해가 쉽다. 욕구란 생물학적이고 본능적인 필요성을 말하는 것으로, 철저하게 대상에 의존적이다. 예를 들어, 목이 마를 때 물을 마시면 욕구는 금방 충족된다. 요구는 욕구를 언어화

초대 31

해서 전달하고 표현하는 양태를 말하며 타인의 개입을 필요로 한다. 인간은 태어나자마자 어머니의 도움을 받아 모든 욕구를 해결하며, 그 과정에서 자신의 욕구를 어머니를 통해 충족시켜야 함을 배운다. 어머니의 도움을 받기 위해서는 욕구를 요구로 전환해야 한다. 그러므로 요구는 욕구의 실현 조건이 되며, 인간을 타자에게 의존하게 만든다.

  욕구가 계속해서 반복되면서, 아이는 점차 절대적이고 무조건적인 사랑을 요구하지만 그것은 현실에서는 실현 불가능하다. 예를 들어 아이는 일정 기간이 지나면 젖을 떼야 한다. 아이는 어머니의 사랑을 의미하는 젖에 대한 요구를 절대적인 사랑의 요구처럼 표현하지만 좌절을 겪을 수밖에 없다. 결국 아이는 포기를 받아들이면서 원초적인 만족에 대한 향수와 환상에 젖는다. 이처럼 현실 속에서 욕구와 요구가 분열되면서 불가능한 대상에 대한 갈망처럼 나타나는 것이 라캉이 말하는 욕망이다. 욕망은 사실상 대상들을 상징화해 기호 체계 속에서 교환되게 만드는 언어의 본성에서 비롯된다.

  아이는 이미 주어진 어머니의 말을 배우면서 상징계에 자리를 잡지만, 그것은 동시에 아이가 욕망하는 주체가 된다는 의미이기도 하다. 그리고 일단 상징계에 들어간 이상 계속해서 언어를 통해 욕망을 추구할 수밖에 없다. 아이는 자신이 원하는 대상을 언어를 통해 타자인 어머니에게 요청하고 타자의 응답을 통해 그것을 해결하려고 하기 때문이다. 그런데 앞에서 살펴보았듯이 요구는 대상만이 아니라 무조건적인 사랑을 담고 있기에 언제나 틈이 발생한다. 여기서 아이는 자신의 욕망을 타자에게 계속해서 인정받으려 하고 타자의 시선으로 자신의 욕망을 보려고 한다. 인정에 대한 욕구 때문에 타자의 욕망이 아이 자신의 욕망이 되는 것이다.

인간의 욕망이 대타자의 욕망이라는 말은 욕망이 결국 타인의 인정과 평가를 필요로 한다는 말에 다름 아니다. 때론 인간은 자신의 의지와 무관하게 타자의 욕망을 맹목적으로 모방하고 좇기도 한다. 예를 들어 우리나라 사람들은 개인 주택보다 아파트를 더 좋아하고, 같은 구조와 평수라도 특정한 브랜드에 남달리 집착한다. 아파트의 가치를 결정하는 것은 실용성 보다는 남들이 알아주느냐 그렇지 않느냐의 명품성 여부이다. 이것은 욕망이 나로부터 오는 것이 아니라 대타자의 인정에서 비롯된다는 것을 보여주는 좋은 예이다. 그러나 운이 좋아 원하는 아파트를 구입했다 하더라도 만족하고 살기보다 여전히 자신의 욕망을 충족시켜줄 다른 대상을 갈망한다. 그러므로 주체는 능동적으로 욕망하는 것 같지만 상징계의 지배를 받으며 타자의 욕망을 끊임없이 추구하게 된다. 그러면서 소외는 계속해서 깊어지고 주체는 욕망의 진실에서 점점 더 멀어진다.

문학 평론가이자 사회인류학자인 르네 지라르$^{René\ Girard,\ 1923~*}$도 욕망의 모방적 본성을 강조하면서 문화의 기원을 모방적 욕망에서 찾는다. 지라르에 의하면 인간은 타인의 욕망을 모방하면서 동물적 본능의 지배를 받는 욕구 상태에서 벗어나 문화를 향유한다. 모방은 특정 대상이 아니라 사람들이 좋아하는 특정한 모델화된 욕망에 눈을 돌리게 하고, 모방 과정을 통해 대상에 대한 자신의 행동 양식을 새롭게 변화시키기 때문이다. 예를 들어 아

이들은 또래 집단과 어울리면서 자신이 갖고 노는 장난감들의 유용성과 사회적 가치를 배운다. 전에는 관심이 없었지만 다른 아이가 특정 대상을 탐내자마자 그 대상은 아이에게도 새로운 욕망을 불러일으킨다. 모방이 욕망을 낳는 것이다. 그러나 한편으로 모방은 동일한 대상을 두고 벌이는 경쟁과 그 경쟁의 당연한 귀결인 폭력을 낳기도 한다. 지라르에 의하면, 사회는 폭력으로부터 공멸을 막기 위해 폭력을 전가할 수 있는 희생양을 찾아 그것에 폭력을 전가하면서 유지된다.

각기 다른 맥락이지만 라캉과 지라르는 공통적으로 인간의 욕망이 나로부터가 아니라 타인에 대한 모방과 인정 욕구에서 시작됨을 강조한다. 결국 욕망은 타인의 인정과 시선을 통해서만 구성되는 것으로, 대상을 통해서는 결코 충족될 수 없다.

"목욕을 하면 하루가 기분 좋고, 이발을 하면 일주일이 기분 좋고, 새집을 사면 한 달이 기분 좋고, 결혼을 하면 한 해가 기분

르네 지라르

프랑스 출신의 문학평론가이자 문화인류학자. 남프랑스에서 태어났지만 미국 인디아나 대학에서 수학한 뒤 미국 여러 대학에서 프랑스 문화와 현대 사상을 가르치다가 현재는 스탠퍼드 대학 석좌교수로 재직하고 있다. 르네 지라르는 사회를 지탱하는 폭력의 필연적 메커니즘을 모방이론과 모방에서 발생하는 욕망의 충돌을 통해 설명하면서 문화의 기원과 인간 욕망의 본성에 대해 새로운 해석을 제시한다. 『폭력과 성스러움(La Violence et le sacré)』(1972), 『희생양(Le Bouc émissaire)』(1982) 등 많은 저서가 있다. 최근 프랑스 지식인 사회에서도 그 업적을 인정받아 2005년 아카데미 프랑세즈 종신회원으로 선출되기도 했다.

좋다"라는 말이 있다. 이 말은 욕망의 충족 불가능성을 잘 요약해준다. 욕망은 궁극적으로 존재 결여에서 비롯되기에 인간은 욕망 대상을 언어를 통해 지시할 수 없다. 주체를 벗어나는 욕망의 말이 라캉이 말하는 무의식이다. 이처럼 라캉은 존재 상실에 고통받는 현대인으로 하여금 욕망의 문제를 새롭게 사고할 것을 요구한다.

Sigmund Freud

Chapter 2

👥 만남
MEETING

Jacques Lacan

만남 1

히스테리와
무의식의 발견

**히스테리,
무의식적 기억에 의한 고통**

무의식의 과학인 정신분석은 히스테리에 대한 임상 경험에서 시작되었으며, 그 출발점에 안나 O$^{Anna\ O.,\ 1859\sim1936}$라 불리는 여성 환자 사례가 있다. 프로이트는 히스테리를 치료하면서 억압과 그 억압이 표현되는 증상을 분석함으로써 무의식의 발견에 도달하게 된다. 그리고 이러한 발견이 새로운 학문인 정신분석학의 창시로 이어진다.

실존 인물인 안나 O는 원래 빈의 이름난 의사였던 요제프 브로이어$^{Josef\ Breuer,\ 1842\sim1925}$가 1880~1882년에 치료한 환자의 가명이다. 브로이어는 자신의 치료 사례를 친구이자 공동 작업자였던 프로이트에게 상세히 들려주었으며, 나중에 프로이트는 히스테리에 대한 연구를 심화시키면서 브로이어의 관점을 수정하고 보완한다. 1886년 프로이트는 빈에 신경 질환을 치료하는 개인

병원을 열고 주로 히스테리 환자를 치료하면서 인간의 심리 메커니즘을 규명하는 데 관심을 쏟는다. 이때 브로이어가 치료한 안나 O의 사례는 여러 가지로 프로이트에게 많은 영감을 주게 된다. 안나 O 사례는 대략 다음과 같다.

총명하고 활기찬 21세의 여성 안나 O는 감수성이 풍부했으며 외국어와 문학에 능통한 전형적인 부르주아 여성이었다. 그녀는 약자에 대한 동정심이 많았으며 아버지에게도 헌신적이었다. 그런 그녀가 다양한 히스테리 증상을 보이기 시작한 것은 아버지의 병간호를 하면서부터다. 브로이어는 그녀의 증상을 대략 네 단계로 기술했다. 첫 단계는 잠복기로, 환자는 환각과 극심한 신경성 기침에 시달렸다. 둘째 단계에서는 특히 심한 시력 장애와 사시, 신체 마비와 언어 장애를 보였다. 그녀는 심지어 모국어인

■ 안나 O

실제 이름은 베르타 파펜하임(Bertha Pappenheim)이다. 유대계 오스트리아인 여권 운동가로 여성 운동과 유대인 권익 옹호를 위해 큰 활약을 했다. 나중에 독일 정부는 파펜하임을 기념하는 우표를 발행하기도 한다. 파펜하임은 프로이트 약혼녀의 친구이기도 했다.

■ 요제프 브로이어

오스트리아의 생리학자이자 심리학자. 프로이트와 『히스테리 연구(Studien über Hysterie)』(1895)를 공동 출간하기도 했으며, 프로이트가 빈에 자리 잡을 수 있도록 물질적, 정신적으로 도와주었다. 히스테리 치료의 선두 주자이기도 했는데, 특히 카타르시스 치료법으로 유명했다. 나중에는 프로이트와 학문적인 견해 차이가 커져 결별했다.

독일어로 의사 표현을 하지 못할 정도에 이르러 오직 영어만 말할 수 있었다. 셋째 단계에 와서는 증상이 더 심해졌는데 아버지가 죽은 후 악화되었다. 마지막 단계에서 병적 상태와 증상이 점차 호전되기 시작했다. 안나 O는 나중에 완전히 회복되어 다양한 사회 활동을 하고 큰 명성을 떨치기도 했다.

안나 O의 사례에서 중요한 것은 외형적인 증상보다는 그 원인을 찾고 치료하는 과정에서 획득한 몇 가지 발견들이다. 히스테리에서 중요한 것은 주체가 상기하기 싫어하는 특정한 기억이 의식에서 밀려나더라도 기억과 결부된 감정은 무의식 속에 남아 수축, 두통, 지각 마비 같은 신체적 증상으로 나타난다는 것이다. 그리고 최면이나 자유 연상을 통해 억압된 무의식적 기억을 끄집어내 말하게 하면 히스테리 증상이 사라진다는 것이다. 예를 들어 안나 O는 심한 갈증에도 불구하고 약 6주 동안 물을 마실 수 없었으며, 갈증 해소를 위해 멜론 같은 과일만 먹어야 했다. 어느 날 최면 상태에서 안나 O는 자신이 좋아하지 않는 영국인 여자 친구의 집에 갔던 기억을 브로이어에게 말했다. 영국인 친구 집에서 그녀는 개가 컵의 물을 핥아 먹는 것을 보면서 대단히 불쾌했지만 예의상 아무 말도 할 수 없었다. 이때의 해소되지 못한 불쾌한 감정이 신체적 장애의 형태로 나타나 물을 마실 수 없었다. 결국 최면 상태에서 울분을 토로한 후에 그녀는 간신히 물을 마실 수 있었다. 브로이어는 최면을 통해 망각된 기억들을 재생하고 당시의 감정을 말로 표현하게 하면서 증상들을 제거할 수 있었다.

히스테리 치료에서 중요한 것은 기억 자체가 아니라 그것에 얽힌 감정적 고착 상태, 즉 정동情動; affekt; affection이다. 히스테리는 제대로 발산되지 못한 정동이 신체 증상으로 전환되어 나타나는 것이므로 이것을 소산消散해주는 것이 중요하다. 정동을 해소하는 방법은 말이나 행동을 통해 쌓였던 감정과 기억을 분출하는 것이다. 비록 브로이어가 최면에 많이 의존하긴 했지만, 중요한 것은 환자 스스로 억압된 정동을 치료 과정에서 발산하는 것이다. 지적이고 문학적 소양이 풍부했던 안나 O는 이 방법을 '굴뚝 청소chimney-sweeping'라고 표현했는데, 나중에 브로이어는 이를 카타르시스katharsis; catharsis* 치료법으로 발전시킨다.

안나 O의 사례에서 또 하나 중요한 것은 기억의 재생을 통한 정동 발산의 모든 과정이 말로 이루어진다는 점이다. 억압된 정동을 파악하기 위해서는 육체적 증상을 하나의 언어처럼 해석해야 한다. 그런 연유로 히스테리를 흔히 '말하는 육체'라고 부르기도 한다. 안나 O는 브로이어의 최면 치료를 '대화 치료talking cure'라고 부르기도 했다. 그런데 무의식은 단순한 망각이 아니다. 무의식에 숨어 있는 기억들은 흔히 주체에게 심한 정신적 상처, 즉 외상(트라우마)을 준 것이거나 죄책감을 일으키기 때문에 억

■ 카타르시스

아리스토텔레스(Aristotelēs, BC 384~322)의 『시학(peri poiētikēs)』에 나오는 말로, 비극(悲劇)에서 관중이 '두려움'과 '연민'을 강하게 느낌으로써 감정이 고양되고 정화되는 상태를 말한다. 원래는 의학 용어로, 불순물을 배설해 내부를 깨끗하게 한다는 의미를 지닌다.

압된 것이다. 당연히 그것을 끄집어내는 것은 환자의 저항과 방어 작용을 불러일으키지만 환자는 정동만을 느낄 뿐 억압된 기억의 내용을 알지 못한다. 그러므로 대화 치료는 환자의 의식적 기억 상기가 아니다.

프로이트는 처음에 억압된 기억을 끄집어내기 위해 최면을 많이 이용했으나 곧 이 방법에 한계가 많다는 것을 발견하고 점차 환자의 자유 연상에 의존한다. 자유 연상이란 환자가 긴장을 푼 상태에서 머릿속에 떠오르는 단어나 심상을 자유롭게 말하는 것이다. 분석가는 이를 실마리 삼아 무의식적 기억을 재구성한다. 나중에 라캉은 정신분석이 말하는 주체에 관한 과학이라고 말하는데, 이는 분석 주체, 즉 환자가 자신도 의미를 모르면서 내뱉는 말을 분석해서 감춰진 욕망을 보여주는 것이 정신분석학이기 때문이다.

안나 O의 사례에서 보듯, 정신분석학은 히스테리에 대한 체계적인 연구와 시행착오로부터 생겨난다. 히스테리 환자는 외견상 여러 신체적 증상이나 환각, 환상에 시달리지만 실제로는 과거의 무의식적 기억 때문에 고통받는 이들이다. 히스테리의 원인은 심리적인 것이기 때문에 신체적 증상은 기관 장애가 아니라 무의식의 표현으로서만 의미가 있다. 주체가 의식하지 못하지만 계속해서 신체적 증상으로 표현되는 억압된 무의식의 실체가 프로이트의 히스테리 연구를 통해 드러나게 된다.

프로이트 이전까지 과거 히스테리에 대한 이론과 치료는 실로 엽기적이고 황당하기조차 했다. 고대인들은 히스테리가 여성 고유의 질병이라는 생각을 갖고 있었다. 일찍이 플라톤[Platon, BC]

428?~347?은 여성의 몸 안에 있는 자궁이 제때 먹을 것을 찾지 못하기 때문에 히스테리가 발생한다고 말했는데 히스테리라는 말 자체가 '자궁'을 뜻하는 그리스어 '후스테라^{hustera}'에서 기인했다. 히스테리의 어원에서 보듯 고대인들은 히스테리와 성의 연관성을 어렴풋이 파악하기는 했지만 그것은 히스테리가 여성 고유의 질병이라는 선입견을 표현한 것에 불과하다. 중세에는 히스테리 현상을 악령에 사로잡혀 있는 상태로 오인하면서 수많은 히스테리 환자를 마녀로 몰기도 했다. 근대 이후 제도화된 병원이 생기고 임상에 대한 새로운 이론과 치료법이 개발되었지만 여전히 히스테리 치료는 전기 치료나 물 치료, 마사지 등 신체에 자극을 주는 방법이 주로 사용되었다.

19세기 들어와 히스테리가 심적인 외상에서 비롯된다는 새로운 주장이 제기된다. 특히 참혹한 전쟁을 겪는 동안 전쟁에서 돌아온 병사들이 히스테리 증세를 보이는 것을 보면서 히스테리가

📍 엽기적인 히스테리 치료

19세기의 정신병원은 오늘날과 달리 전근대적이고 폭력적인 방법을 치료에 사용했다. 포박과 구타는 말할 나위도 없었고 때로는 환자를 짐승처럼 쇠사슬에 묶어 강제로 밥을 먹이기도 했다. 히스테리 치료 역시 다를 바 없었다. 그중에는 히스테리 여성을 꽁꽁 묶어 얼음물을 가득 채운 욕조에 집어넣고 고통을 주는 '냉수 치료'도 있었는데, 사실상 고문에 가까운 것이었다. 히스테리를 일종의 반항적인 상태로 보았기 때문에 전기 자극을 주기까지 했다. 당시의 이러한 풍토에서 샤르코나 프로이트가 히스테리의 원인을 심적 외상에서 찾고 최면이나 말을 통해 증상을 치료해야 한다고 주장한 것은 가히 혁명적 발상이라 할 수 있다.

여성의 질병이라는 생각이 많이 불식되었다. 그리고 히스테리의 심적 기원을 찾고자 하는 연구도 많아졌다. 예컨대 프로이트가 잠시 동안 수학하기도 했던 파리 라살페트리에르$^{la\ Salpêtrière}$ 병원의 장마르탱 샤르코$^{Jean\text{-}Martin\ Charcot,\ 1825\sim1893}$*는 이 분야의 선두 주자였다. 샤르코는 최면을 통해 히스테리 환자, 심지어 정상인에게까지 인위적으로 히스테리 증상을 유발하고 암시를 통해 치료하면서, 히스테리가 정신적 충격을 경험했을 당시 환자의 심리에 남은 기억에서 나온 병임을 보여주었다. 프로이트는 선행자들의 연구를 종합해 히스테리 환자가 보이는 증상이 억압된 기억과 그것에 부착된 정동에서 비롯되었다는 것을 규명함으로써 무의식의 메커니즘을 발견할 수 있었다. 무의식은 언제나 회귀하면서 의식의 일관성을 뒤흔드는데 프로이트는 그것을 1차 과정이라 명명한다. 1차 과정은 신체 증상뿐 아니라 꿈에서 한층 두드러진다. 또 다른 히스테리 사례를 통해 무의식과 꿈의 관계를 살펴보자.

장마르탱 샤르코

프랑스의 신경병리학자로 히스테리가 심적 요인에서 기인했음을 처음으로 밝힌 사람이다. 나중에 파리 대학 병리학 교수가 되는데, 그의 강연은 히스테리 환자에게 최면을 걸어 여러 증상을 재현하고 치료하는 것으로 유명했다. 프로이트는 1885년 샤르코 밑에서 짧은 기간 연구를 하며 샤르코의 임상 이론을 배웠다.

무의식에 이르는 왕도, 꿈

1900년 프로이트는 『꿈의 해석^{Die Traumdeutung}』을 출간한다. 오늘날 정신분석학의 바이블이 된 이 책은 실로 20세기를 뒤흔든 새로운 학문의 탄생을 선언한 '무의식의 대헌장'이었다. 그러나 초판 600부가 팔리기까지 무려 8년이 걸렸을 정도로 당시 이 책에 대한 학계와 대중의 반응은 냉담했다. 이때만 해도 꿈을 통해 인간의 무의식을 파악할 수 있고 그것을 대상으로 삼는 정신분석학이 과학적 심리학의 새로운 패러다임이 될 수 있다는 사실은 정신의학자나 심리학자들에게도 낯설었다. 프로이트가『꿈의 해석』제2판 서문에서 언급한 것처럼 학자들은 꿈이 무의식의 왕도라는 프로이트의 발견이 종래의 심리학 학설을 뒤바꿀 만큼 중요하다는 것을 깨닫지 못하고 있었다. 그러나 프로이트는 좌

▪ 꿈에 대하여

우리는 자주 꿈을 꾸지만 깨어날 때 망각하는 경우가 많다. 통계에 의하면 사람은 일생 동안 6년 정도의 기간을 꿈으로 보낸다고 한다. 사람의 수면은 보통 90~100분을 단위로 꿈을 꾸지 않는 비꿈수면과 꿈수면이 차례로 진행되면서 밤 동안 4~5차례 주기가 반복된다. 한밤중에는 주로 비꿈수면의 주기가 길어지고 새벽이 될수록 잠의 깊이가 얕아지면서 꿈을 많이 꾼다. 꿈수면을 '빠른 안구운동 수면(Rapid Eye Movement sleep)', 즉 렘(REM)수면이라고도 부르는데 이때 안구가 빠르게 움직이며 해마에 저장되어 있던 단기 기억들이 대뇌피질로 옮겨져 정리되면서 꿈을 꾼다. 정신적 갈등이 많을수록 꿈수면의 주기가 증가한다. 내용적으로 보면 젊은 남성의 경우 10개 중 1개, 여성의 경우 30개 중 1개의 꿈이 성적 의미와 관련된다고 한다.

절하지 않았다. 『꿈의 해석』은 나중에 제8판까지 수정·보완되면서 계속해서 사례가 덧붙여지고 풍부해졌다. 프로이트는 히스테리 환자를 치료하면서 히스테리의 원인이 성적인 것과 밀접한 관계가 있으며, 그것이 신체 증상이나 꿈을 통해 드러난다는 사실을 발견했다. 프로이트는 나중에 성적 충동을 인간 삶의 가장 본질적인 요소로 간주한다. 프로이트에 따르면 성적 충동은 억압되거나 의식에서 망각되지만 언제나 다시 돌아오는데 그 전형적 형태가 바로 꿈이다.

프로이트는 꿈이 자극과 감각으로부터 심상을 만들어내는 단순

●●● 겉으로 보기에 꿈의 내용은 부조리하거나 낯설기도 하지만 그 속에 무의식과 연관된 내용이 잠재되어 있기 때문에 모든 꿈은 무의식의 열쇠로서 의미가 있다.

한 심리 작용이나 계시가 아니라 무의식에 은폐된 소원들이 드러나는 것이라고 설명한다. 겉으로 보기에 꿈의 내용은 부조리하거나 낯설기도 하지만 그 속에 무의식과 연관된 내용이 잠재되어 있기 때문에 모든 꿈은 무의식의 열쇠로서 의미가 있다. 꿈은 무의식적 소원을 의식이 수용할 수 있는 기호나 심상으로 바꾸면서 새로운 맥락에서 재구성한다. 의식은 언제나 성적 요소와 연관되는 무의식적 소원을 검열하고 억압하기 때문이다. 그러므로 꿈에는 잠재되고 감추어진 꿈의 사고와 외현된 꿈의 내용이 있으며 전자가 후자에서 어떤 식으로 표현되는지를 살피는 게 중요하다. 프로이트는 잠재된 꿈의 사고가 외현된 내용으로 변화되는 과정을 꿈-작업Traumarbeit; dream-work이라고 부른다. 그리고 이러한 꿈-작업은 압축, 전치, 묘사 가능성, 2차 가공의 네 가지 메커니즘을 통해 이루어진다고 말한다. 즉 무의식의 소원들은 네 가지 메커니즘을 통해 의식이 눈치채지 못하도록 변형되기 때문에 분석을 통해 재해석되어야 한다. 무의식적 소원은 유아기의 성적 체험, 즉 오이디푸스 콤플렉스로 그 기원이 거슬러 올라간다. 성적인 충동에서 비롯되는 꿈은 특히 신경증 환자에게 두드러지지만 프로이트는 오이디푸스 콤플렉스가 모든 인간의 보편적인 경험임을 강조한다. 오이디푸스 콤플렉스에 대해서는 다음 장에서 자세히 살펴보고 여기서는 꿈의 메커니즘과 성격에 집중하자.

압축과 전치

꿈-작업에서 압축과 전치는 무의

> **꿈의 본질은 소원성취이다.**
> 꼭 무의식이 아니더라도 꿈이 소원 성취와 연관돼 있는 것을 확인할 수 있는 일상적인 예들은 많다. 예컨대 잘 때 목이 마르면 물을 마시는 꿈을 꾸거나, 오줌이 마려울 때 화장실에 가는 꿈을 꾼다. 또한 어떤 고민이나 스트레스로

식을 작동시키는 핵심 메커니즘으로서 꿈만이 아니라 농담이나 말실수, 망각 등에서도 나타나는데 프로이트는 이것을 무의식의 1차 과정이라 부른다.

압축$^{Verdichtung;\ condensation}$이란 여러 무의식적 사고와 표상이 단순한 하나의 이미지나 표상을 통해 드러나는 것으로, 잠재적 사고가 혼합되고 축약되어 외견상 단순한 형태로 나타나는 것을 말한다. 꿈에서 직접적으로 드러나는 이야기나 이미지는 간단하고 빈약하지만 그 속에 중첩되어 있고 감춰져 있는 무의식적 사고들은 복합적이며 무궁무진하다. 압축은 꿈의 내용이나 표상들이 우리에게 낯설게 느껴지는 원인이 된다. 압축이란 마치 책을 언뜻 펼쳐보았을 때 텍스트의 모든 글자가 눈에 들어오는 것이 아니라 굵은 글씨나 이탤릭체로 강조된 글자만 눈에 띄는 것과 비슷하다. 꿈의 해석은 압축된 것을 풀고 각각이 지시하는 내용을 재구성해 풍부한 잠재적 내용을 드러내는 것이다. 압축이 일어나는 것은 의식의 검열을 피하고 무의식적 사고를 감추기 위해서다. 프로이트가 '식물학 연구 논문에 관한 꿈'이라고 이름 붙인 다음 꿈을 보자.

나는 어떤 식물 종에 대한 연구 논문을 집필했다. 그 책이 내 앞에 놓

> 괴로워할 때 꿈에서 어려운 문제가 해결되는 것도 종종 경험하는 일이다. 꿈은 이렇듯 내가 하고 싶은 행동을 대신해 줌으로써 잠시라도 걱정을 덜고 더 잘 수 있도록 도와준다. 프로이트는 이러한 의식적 소원 성취의 꿈을 특히 '편의-꿈'이라고 불렀는데 편의-꿈은 수면을 보호하는 기능을 한다.

여 있고, 나는 원색 삽화를 뒤적거린다. 책에는 말린 식물 표본이 하나 붙어 있다.

프로이트, 『꿈의 해석Traumdeutung』

외견상 이 꿈은 굉장히 단순한 내용으로 이루어져 있다. 하지만 프로이트는 몇몇 단서들을 실마리 삼아 이 꿈의 요소들이 여러 가지를 한꺼번에 지시하고 있음을 보여준다. 제일 먼저 주목할 것은 '식물학 연구 논문'이다. 이것은 프로이트가 꿈꾸기 전날 서점에서 본 「시클라멘속에 대한 연구 논문eine Monographie über die Gattung Zyklamen」의 이미지다. 프로이트는 과거 자신이 한 코카인 연구가 이 이미지와 연관되어 있다고 분석한다. 그리고 코카인 연구는 코카인 이용에 일익을 담당한 프로이트의 친구 레오폴트 쾨니히슈타인Leopold Königstein, 1850~1924 박사를 암시하는 키워드이기도 하다. '식물학'은 무의식적 연상의 사슬을 통해 '플로라', 즉 꽃과 연관되는 이름을 가진 프로이트의 '여성 환자', 그리고 프로이트의 '아내가 좋아하는 꽃'과도 연관된다. '연구 논문'은 프로이트 '자신의 학문 연구'를 암시해 프로이트의 현재 작업을 암시하는 키워드 역할을 한다. 학술연구 논문이 동화책처럼 원색 삽화로 되어 있는 것은 좀 엉뚱한데 이것은 현재 프로이트의 연구가 다른 동료들에게 크게 인정받지 못해 좌절하고 있음을 암

시한다. 다시 말해 프로이트가 개척하고 있는 정신분석학이 마치 아이들의 동화처럼 황당하게 취급되는 상황이 원색 삽화로 되어 있는 연구논문의 이미지를 통해 제시되고 있는 것이다. 이처럼 프로이트는 꿈이 외견상 단순해 보여도 꿈-내용$^{\text{Trauminhalt;}}$ $^{\text{dream-content}}$의 각 요소들이 특정한 이미지에 중첩되어 여러 가지를 한꺼번에 지시하고 있다고 강조한다. 압축은 꿈의 메커니즘을 이해할 수 있는 핵심 공정이다.

꿈에서 보는 인물이나 이름은 대체로 여러 사람의 표상을 압축해놓은 경우가 많다. 또 다른 꿈인 '이르마^{Irma}의 주사'의 꿈에서 이르마 역시 압축의 전형적인 예로 제시된다. 이르마는 프로이트의 부인인 마르타의 친구로, 코에 고름이 생겨 프로이트가 이비인후과 의사인 플리스에게 부탁하여 수술을 받았는데 의료진이 실수로 코에 가제를 남겨 두는 바람에 죽을 뻔한 환자였다. 이르마가 꾼 꿈 내용은 아주 간단하지만 여러 인물, 병과 관련된 용어들이 등장한다는 것 때문에 프로이트가 아주 상세히 분석한 것으로 유명하다. 꿈의 내용은 대략 다음과 같다.

넓은 홀에서 많은 손님을 접대하다가 프로이트는 이르마를 발견하고 그녀를 한쪽 구석으로 데려간다. 그리고 그녀가 보낸 편지에 대해 답변하면서 자신의 '처방'을 받아들이지 않은 것을 비난한다. 이르마는 그녀가 여전히 목, 위, 배가 아프다고 불평하는데 프로이트가 보니 얼굴이 창백하고 퉁퉁 부어있다. 프로이트는 그녀를 창가로 데려가 진찰하기 위해 목 안을 들여다본다. 그녀의 입 우측에 커다란 반점이 있고, 다른 쪽에는 기이한 모양의 회백색 딱지가 발견된다. 놀란 프로이트는 급히 의사 M을 비롯한 여러 친구에게 와서 이르마를 관찰해보라고 부탁한다. M의 모습은 평소와 달리 몹시 창백하고 다리는 절며 턱수염도 없다. M은 진찰 후 "감염된 것이 틀림없어. 그렇지만 별일은 아니야. 이질 증상이 나타나면서 병독이 배출될 걸세"라고 프로이트에게 말한다. 프로이트와 친구들은 즉시 어떤 원인으로 이르마가 감염되었는지를 알아차린다. 프로이트는 얼마 전 친구 오토^{Otto}가 그녀에게 프로필^{propyl} 약제, 프로필렌^{propyls}…… 프로피온산$^{propionic\ acid}$…… 트리메틸아민^{trimethylamin}을 주사했기 때문에 감염되었다고 결론을 내린다. 아마도 주사기가 오염되어 있었을 것이다.

『꿈의 해석Traumdeutung』

여기서 압축의 메커니즘을 보여주는 두 인물은 주인공 이르마와 프로이트의 친구인 의사 M이다. 두 인물은 평소 프로이트가 알고 있는 실제 인물인 이르마와 M을 지시하기도 하지만 동시에 여러 인물의 표상이 겹쳐져 만들어진 압축적 이미지다. 먼저 이르마의 얼굴은 평소에 늘 불그스름했지만 꿈에서는 창백하고 퉁퉁 부어 있다. 여기서 프로이트는 이르마가 다른 환자들의 이미지를 대신한다고 분석한다. 구강검사를 위해 입을 벌리라고 하자 이르마가 처음에 거부한 것도 실은 얼마 전 프로이트가 진찰한 어떤 여성 환자와 얽힌 일이다. 그녀는 의치 때문에 프로이트에게 입 속을 보이는 것을 꺼려했는데 이르마와는 전혀 그런 일이 없었기 때문이다. 입 우측의 하얀 반점은 2년 전 중병을 앓아 프로이트를 놀라게 했던 장녀의 사건을 암시하는 단서이기도 하다. 의사 M도 한 사람이 아니라 프로이트의 동료 의사와 외국

에 있는 프로이트의 형을 동시에 지시한다. 꿈에서 프로이트가 의사 M을 '급히' 불렀는데 이것은 프로이트가 약제를 잘못 처방해 중독증세를 일으킨 어떤 환자 때문에 '급히' 경험 많은 연상의 동료에게 도움을 청한 일과 연관된다. 이 사건이 꿈에 등장한 것은 이 환자가 중독 때문에 결국 죽었고, 우연히도 프로이트의 장녀와 이름이 같았기 때문이다. 프로이트의 속을 타게 했던 장녀는 이르마란 인물 속에 감춰져 있는 것이다. 의사 M이 프로이트의 형의 이미지를 압축하는 것은 먼저 외형적 유사성에서 알 수 있다. 프로이트의 형은 턱수염을 깨끗하게 밀었으며 꿈속의 M과 아주 비슷하게 생겼다. 또한 M과 형은 둘 다 프로이트의 어떤 제안을 거절해서 프로이트의 기분을 상하게 만든 공통점이 있기도 하다. 다음으로 약품들이 지시하는 인물이 있다. 트리메틸아민은 성적 신진대사를 촉진하는 산물 가운데 하나로 신경증의 요인인 성생활을 의미한다. 동시에 이 표상은 프로이트에게 성화학에 관한 이야기를 해주었으며, 프로이트가 애착을 가진 친구 빌헬름 플리스$^{\text{Wilhelm Fließ, 1858~1928}*}$를 암시하기도 한다.

지금 본 것처럼 꿈의 표상은 그것이 포개어 지시하는 다른 사건이나 인물과 복잡하게 얽히면서 단순하면서도 중층적인 이미지로 작용한다. 이처럼 압축은 잠재된 꿈-사고$^{\text{Traumgedanke; dream-thoughts}}$의 풍부함을 잘 보여준다. 그런데 압축은 보통 또 다른 메커니즘인 전치와 결합되어 작용한다.

전치$^{\text{Verschiebung; displacement}}$란 감춰진 무의식적 사유의 중요한 요소가, 의식적으로 봤을 때 부차적이거나 혹은 이차적인 또 다른 요소에 결합되어 드러나는 작동 법칙이다. 전치는 외견상 하찮아 보이는 지엽적 요소들에 결부되어 있는 유아기 기억들의 존재를 알 수 있게 해주는 중요한 메커니즘이다. 전치는 의식의 검열과 통제를 피하기 위해 꿈-내용을 왜곡시키는 작업으로, 때로는 잠재적인 꿈-사고를 완전히 반대되는 기호나 상황으로 바꾸기도 한다. 다음 꿈을 보자.

> 저는 만찬을 열려고 했어요. 그런데 마침 집에는 약간의 훈제 연어 말고는 준비된 것이 전혀 없었어요. 그래서 시장을 보러 가야겠다고 생각했는데, 마침 일요일 오후라 상점들이 모두 문을 닫았다는 게 기억나지 뭐예요. 할 수 없이 물건을 배달해주는 상인들에게 전화를 걸려고 수화기를 들었어요. 그런데 전화마저 고장 났어요. 그래서 만찬을 열고 싶은 소원을 포기할 수밖에 없었어요. 「꿈의 해석Traumdeutung」

이 꿈은 히스테리 증세를 보이는 프로이트의 여성 환자가 꿈

■ 빌헬름 플리스

독일의 이비인후과 의사였으며 인간 심리를 생물학적으로 규명하고자 했다. 브로이어의 소개로 프로이트를 알게 된 후 많은 서신을 교환하며 프로이트의 내밀한 상담자이자 친구가 되었다. 특히 코와 생식기의 관계를 중심으로 성에 대해 연구하면서 히스테리의 성적 원인론에 대해 프로이트에게 영향을 주기도 했다. 프로이트는 출간된 저서 외에 자신이 구상하는 개념들, 연구 주제, 학문적 고민들을 플리스에게 편지로 자세하게 이야기하곤 했는데 이것이 나중에 초기 프로이트의 사상적 발전을 엿볼 수 있는 훌륭한 자료가 된다. 「플리스에게 보낸 편지」는 『정신분석학의 탄생(Aus den Anfangen der Psychoanalyse 1887-1902)』(1950)에 수록되어 있다.

이 소원 성취라고 주장하는 프로이트를 반박하기 위해 이야기한 것이다. 외형적으로 드러난 내용만 본다면 이 부인은 자신의 주장처럼 만찬을 열려는 계획을 꿈 속에서 전혀 실현할 수 없었다. 다시 말해 이 꿈을 그 자체로만 보면 소원 성취가 아니라 오히려 소원의 좌절이다. 그런데 전치의 메커니즘을 대입해보면 실제로는 환자의 무의식적 소원이 교묘하게 충족되고 있음을 알 수 있다. 프로이트를 따라 꿈에 숨겨진 이 히스테리 환자의 무의식적 욕망을 밝혀보자.

먼저 이 부인이 좋아하지 않는 '훈제연어'가 꿈의 연상 작용에서 중요한 매개물의 역할을 한다. 그녀는 실제로 '훈제연어'가 아니라 '캐비아'를 좋아하기 때문이다. 자신의 기호물이 아닌 '훈제연어'가 등장한 것은 그녀의 친구와 얽힌 무의식적 욕망이 위장된 형태로 반영되고 있기 때문이다. '훈제연어'는 그녀의 친구가 좋아하는 음식으로 이 친구는 얼마 전 이 부인이 요리를 잘 한다고 칭찬하면서 자신을 저녁식사에 한번 초대해달라고 부탁한 적이 있다. 이 부인의 남편은 풍만한 몸매의 여성들을 좋아하는데 부인의 친구는 마른 몸매였다. 결국 자신의 친구를 만찬에 초대해 살찌게 해주고 싶지 않았던 질투 어린 욕망이 꿈에서는 본인의 만찬 계획이 좌절된 것처럼 표현되고 있다.

또 하나 주목할 것은 전치된 이미지인 '훈제연어'가 동일시 메커니즘을 잘 보여준다는 점이다. 언젠가 이 부인의 남편은 부인 친구의 매력을 칭찬한 적이 있었다. 이 부인은 꿈에 친구가 좋아하는 '훈제연어'를 등장시킴으로써 무의식적으로 자신을 그 음식을 좋아하는 친구와 동일시하고 있다. 결국 남편의 칭찬을 받은 친구에 대한 시기심과 친구의 소원을 좌절시키려는 복합적 욕망이 이 꿈의 핵심인데 '훈제연어'가 함축하는 이미지들이 바로 그것이다. 다음으로 이 꿈 자체가 이 환자의 히스테리적 욕망을 잘 보여준다. 히스테리 환자는 보통 욕망의 충족을 미루고 '지금은 아니지만 언젠가는 내 욕망을 실현할 거야'라고 말하면서 그 지연된 상태 자체를 즐기는 사람이다. 이 부인은 평소 남편에게 자신이 좋아하는 '캐비아'를 절대 사주지 말라고 부탁하면서 남편이 자신 때문에 애를 태우는 것을 즐기고 있었다. 남편이 자신이 좋아하는 '캐비아'를 사줘버리면 이제 의무를 다한 남편은 부인에게 관심을 갖지 않을 수도 있기 때문이다. 그렇기 때문에 남편의 의무(부인에 대한 관심과 사랑)는 계속 지연되어야 한다. 꿈에서는 만찬 계획이 여러 사정으로 취소되어 할 수 없이 다음을 기약할 수밖에 없었는데 이것은 히스테리 환자의 지연된 욕망이 그대로 반영된 것이다. 이처럼 이 꿈은 이미지의 전치와 동일시의 메커니즘을 대입시켜 분석할 때 그 숨겨진 의미가 잘 드러난다.

전치는 꿈만이 아니라 히스테리 환자의 증상도 잘 설명한다. 충분히 해소되지 않는 환자의 정동$^{affekt;\ affection}$은 신체로 전치되어 증상을 통해 표현된다. 이제 프로이트가 직접 분석한 히스테리 환자의 꿈을 통해 무의식적 소원이 어떻게 성적인 것과 연관되는지 살펴보자.

도라의 꿈

『꿈의 해석』이 공식 출간되었던 1900년 가을, 프로이트는 '도라 Dora, 1882~1945'라는 가명의 18세 처녀 환자를 치료하게 된다. 도라는 프로이트가 히스테리의 근원에 성적인 억압이 있다는 가설을 발전시키면서 꿈을 통해 무의식의 메커니즘을 규명하던 시기에 분석한 중요한 사례다. 도라의 치료는 불과 3개월 만에 환자에 의해 일방적으로 중단되었지만 히스테리 연구의 중요한 이정표가 된다.

도라의 사례는 1905년에야 「히스테리 분석 단편 Bruchstücke einer Hysterie-Analyse」이라는 이름으로 발표되는데, 프로이트가 구상했던 발표문의 제목은 원래 '꿈과 히스테리'였다. 극적인 요소와 흥미를 골고루 갖추고 있는 도라 이야기는 당시 상류층 가정의 풍속, 애정과 불륜, 성적 욕망과 도덕적 위선을 모두 보여준다. 도라의 다음 꿈을 중심으로 히스테리와 성의 관계를 살펴보자.

> 집에 불이 났어요. 아버지가 침대 옆에 서 있다가 나를 깨웠어요. 나는 급히 옷을 입었죠. 어머니는 나가기를 멈추고 보석 상자를 챙기고 싶어했어요. 아버지는 "당신 보석 상자 때문에 나와 두 아이를 불에 타 죽게 할 수는 없소" 하고 말했어요. 우리는 서둘러 계단을 내려갔고, 내가 바깥으로 막 나오는 순간 잠을 깼어요.
>
> 프로이트, 「도라의 히스테리 분석 Bruchstück einer Hysterie-Analyse」(1905)

도라는 반복해서 이 꿈을 꾼다고 프로이트에게 말한다. 그녀는 이미 한 번 시작되면 3~5주가량 계속되는 신경성 기침으로 고통을 받고 있었다. 이 외에도 몸의 경련, 우울증, 자살 충동을 보이기도 했으며 실어증 같은 고통도 겪었다. 도라를 프로이트에게 데려온 사람은 도라의 아버지였는데 그는 사업상 알게 된 K씨Herr K의 부인(K부인Frau K)과 밀애를 나누고 있었다. 그 와중에 K씨는 도라를 유혹했으며, 도라가 14세였을 때는 사무실에서 강제로 키스를 하기도 했다. 프로이트는 도라가 실제로는 K씨를 좋아하면서도 히스테리 기질이 발동해 성적 욕망을 극구 억압한다고 생각했다. 도라와 K씨의 관계에 아버지에 대한 도라의 복잡한 태도가 개입되는데, 그녀는 자기가 사랑한 아버지와 K부인의 밀애를 이미 알고 있었으며 이 일로 아버지를 비난하기도 했다. 도라는 병약한 아버지에게 굉장히 애착이 많았던 반면 어머니는 철저하게 무시했다. 도라 어머니도 신경증 기질이 다분했는데, 언제나 집안일에만 신경 쓰고 병적으로 청결에 집착하면서 아이들을 이해하지 못하는 약간 우둔한 여성이었다.

도라의 꿈에는 도라의 증상과 연관된 단서들, 가족에 대한 도라의 복합적 감정, 성적인 환상과 억압이 잘 표현되어 있다. 프로이트에 의하면 이 꿈의 핵심은 불이 나서 보석 상자가 타려고 한다는 사실이다. 이 상황은 도라가 K씨에 대해 갖고 있는 이중적 태도를 잘 드러낸다. 이 꿈을 꾸기 전에 도라는 호숫가에서 K씨가 자신을 사랑한다고 구애했을 때 그의 따귀를 때린 후 도망쳤다. 그러면서도 K씨 가족과 관계를 완전히 끊지는 않았다. 꿈에서 불은 K씨에 대한 사랑의 정열이 타오르는 것을 의미하고 보석 상자는 무의식적 연상에서 여성의 성기, 즉 순결을 의미한

다. 다시 말해 도라는 한편으로는 K씨에 대한 성애를 꿈꾸면서도 그것에 의해 순결을 잃고 불에 타오르듯 자신을 잃어버릴까 봐 두려워하는 것이다. 그래서 이 상황에서 자신을 보호해줄 아버지에게 도움을 요청하는 것이다. 이러한 해석은 무의식의 요체인 이드^{id}가 대상에 대해 표상을 만들 때 자아^{ego}와 달리 속성적 사고$^{predicate\ think}$를 하기 때문이다. 꿈에 등장하는 표상들은 대상들을 동일하게 다루는 이드의 속성적 사고와 연관 지어 해석해야 하기에 대상에 대한 구별이 아니라 기본 속성이 중요하다. 예를 들어 방, 상자, 동굴처럼 공간과 연관되는 것은 여성의 성기 혹은 몸과 관련되며, 총, 칼, 나뭇가지처럼 돌출된 것은 남성의 성기와 연관된다.

다른 한편으로 꿈의 이미지는 전치의 메커니즘에서 정반대적인 것을 지시하기도 한다. 예를 들어, 불은 물과 통한다. 어려서 도라가 야뇨증으로 고생했기 때문에 아버지는 한밤중에 도라가 화장실에 가도록 깨우러 오곤 했다. 꿈에서 아버지가 자신을 깨운 것은 정확히 이 상황의 기억이 재연된 것이다. 그리고 도라 옆에 서 있는 아버지는 K씨의 이미지이기도 하다. 언젠가 도라가 K씨 집에서 낮잠을 자다 깨어 보니 바로 옆에 K씨가 서 있어 놀란 적이 있었다. 그다음부터 도라는 K씨가 열쇠로 방문을 열고 갑자기 들어올까 봐 탈의실에서 서둘러 옷을 입는 버릇이 생겼다. K씨에 대한 사랑과 경계의 심정이 아버지에 대한 어릴 적 기억과 중첩되어 꿈에 나타난 것이다. 도라는 한편으로 사랑의 정열이 활활 타오르기를 원하면서도 다른 한편으로는 그런 소망을 억압하는 히스테리적 욕망을 갖고 있는 것이다. 그리고 어머니가 보석 상자를 챙기는 상황은 아버지를 사이에 두고 도라가 무의식적으로 어머니와 경쟁하는 오이디푸스적 심리를 보여준다. 연상의 사슬을 통해 어머니는 또한 K부인으로 대체될 수도 있다. 다시 말해 무의식의 구조에서 도라는 아버지를 두고 어머니 혹은 K부인과 경쟁하고 있는 것이다. 이것은 앞서 말했듯이 보석 상자가 여성의 성적인 정체성을 상징한다는 것을 생각하면 자명해진다. 도라의 성적 욕망은 그후 꾸게 되는 두 번째 꿈에서는 좀 더 직접적으로 드러난다.

이상에서 보듯 도라의 외형적인 꿈 내용은 별 뜻이 없는 것처럼 보이지만 잠재된 꿈-사고는 도라의 이중적 욕망과 그것에 얽힌 여러 에피소드를 압축과 전치를 통해 잘 표현하고 있다. 프로이트에 의하면 히스테리는 성적인 욕망을 지나치게 억압하기도 한다. 나중에 프로이트는 자신이 도라가 K부인에 대해 은밀하게 갖고 있는 동성애적 성향을 파악하지 못해 분석에 실패할 수밖에 없었다고 고백했다.

프로이트는 도라의 히스테리 분석과 치료에서 이전의 최면술이나 카타르시스법 대신 자유 연상과 꿈을 주요 수단으로 삼았다. 그리고 정신분석이 모든 것을 성적인 것과 연관시키면서 환자에게 도덕적으로 안 좋은 영향을 미친다는 세간의 잘못된 편견과 왜곡에 맞서 히스테리의 성적 원인론을 과학적으로 옹호하고자 했다.

도라 사례는 이후 많은 분석가들이 연구하고 논평하면서 재해석한 대표적인 텍스트가 된다. 여기에는 라캉도 예외가 아니었다. 나중에 라캉은 도라의 사례에서 환자가 분석가에게 감정을

표출하면서 과거 상황을 투영하는 전이뿐 아니라 분석가 편에서의 역전이를 강조하면서 프로이트를 예로 들었다. 라캉에 따르면 프로이트는 무의식적으로 도라의 아버지와 자신을 동일시하면서 남성 입장에서 도라에게 접근했기 때문에 그녀가 보이는 동성애 성향을 간파하지 못했다.

만남 2

오이디푸스 콤플렉스와 성 충동의 발달

모든 이들은 상상 속에서 오이디푸스 왕이었다

프로이트는 히스테리 연구를 심화하면서 점차 히스테리의 근원에 성적인 요인이 있다는 확신에 도달하는데, 이 때문에 많은 비난을 받고 브로이어와도 결별한다. 『히스테리 연구』가 출간된 다음 해인 1896년에는 히스테리가 성적인 원인에서 기인한다는 강연 도중 청중들이 소란을 일으키기도 했다. 프로이트는 자신과 히스테리 환자의 무의식을 분석하면서 초기 트라우마˚ 이론을 버리고 오이디푸스 콤플렉스 개념을 중심으로 유아성욕론의 입장으로 선회한다. 그리고 오이디푸스 신화를 모든 이들이 유아기에 꿈꾸는 무의식적 소망의 핵이라 설명한다.

> 나는 나의 내부에서 어머니를 향한 사랑의 감정과 아버지에 대한 질투의 감정을 발견했다. 나는 이러한 감정이, 히스테리적인 어린이들

에게서처럼 빨리 출현하지는 않더라도 모든 어린이에게 공통적으로 나타난다고 생각한다. …… 모든 관객은 한때 씨앗의 형태로서, 상상 속에서 오이디푸스 왕이었으며, 자신의 꿈이 실현되어 무대 위에서 현실로 이루어진 것을 보고 두려움에 사로잡힌다.

「플리스에게 보낸 편지Briefe an Wilhelm Fließ 1887-1904」(1897. 10. 15.)

유아기의 무의식적 소망이 현재 우리 의식과 욕망을 규정하고 있으며 이는 오이디푸스 콤플렉스, 즉 아버지를 죽이고 어머니와 결혼하고 싶은 욕망이라는 프로이트의 대담한 가설은 사람들을 경악시키기에 충분했다. 그것은 천진난만한 어린아이가 벌써 성적 욕구에 지배되고 있다는 비도덕적 견해처럼 보였기 때문이다. 프로이트의 입장은 나중에 범성론汎性論; pan-sex theory으로 알려지면서 대중의 비난과 조소를 받는다. 오늘날 일부 대중이 정신분석에 대해 통념적으로 갖고 있는 적대감도 이러한 선입견에서 크게 벗어나지 않는다. 이런 오해는 오이디푸스 콤플렉스의 본

■ 트라우마

흔히 외상(外傷)으로 번역되는 트라우마(trauma)는 그리스어로 부상이나 상처를 의미했다. 정신분석에서는 주체가 감당할 수 없는 과도한 자극에 직면해 충격을 받거나 커다란 정신적, 신체적 변화를 겪는 경우, 혹은 그 원인을 지칭한다. 초기에 프로이트는 아이가 성인으로부터 성적 유혹을 받아 히스테리가 발생한다고 가정했다. 그러다가 트라우마 이론을 버리고 환상설로 돌아서게 된다. 이는 오이디푸스 경험을 히스테리만이 아닌 모든 아이가 겪는 보편적인 것으로 설명하려고 했기 때문이다.

질을 잘못 이해하고 있기 때문이다. 프로이트에 의하면 오이디푸스는 아이가 최초로 품었던 부모에 대한 사랑과 미움의 양가적 감정을 억압하고 극복하면서 성차를 깨달아 가족 내에서 자신의 위치를 명확히 하는 주체 탄생의 심리 드라마다. 오이디푸스 콤플렉스는 인간을 성적 존재로 정의하는 정신분석 이론의 골간을 이루며, 프로이트는 사회, 종교, 문화, 도덕의 기원을 오

🔲 그리스 신화의 오이디푸스 이야기

테베(Thebai)의 왕 라이오스(Laios)는 왕비 이오카스테(Iocaste)와 사이에서 아들 오이디푸스를 낳지만, 아들에 대해 '아버지를 죽이고 어머니와 결혼한다'는 신탁을 받자 곧바로 오이디푸스를 내다 버린다. 성인이 되어 자신의 뿌리를 찾던 오이디푸스는 델포이 신전에서 아버지가 들었던 것과 똑같은 신탁을 듣고 운명을 피해 달아난다. 그러다 우연히 길에서 한 노인과 시비가 붙어 그 노인을 죽이게 되는데, 그 노인이 아버지 라이오스였다. 오이디푸스는 테베 시민을 괴롭히던 괴물 스핑크스를 죽이고 그 상으로 왕비(이자 어머니인) 이오카스테와 결혼해 네 자녀를 낳는다. 그러나 나중에 자신이 벌인 모든 일이 신탁대로 실현되었음을 알게 된 오이디푸스는 자신을 장님으로 만들고 테베를 떠나 유랑하다가 길에서 죽으며 이오카스테는 자살한다. 이 이야기는 고대 그리스의 3대 비극 시인의 하나인 소포클레스(Sophocles, BC 496~406)가 비극으로 남겨 널리 알려졌다. 소포클레스가 쓴 희곡 『오이디푸스 대왕』은 가혹하고 부조리한 신탁을 피하려고 필사적으로 발버둥치지만 끝내 파멸하는 오이디푸스 왕의 비극적 운명을 잘 묘사하고 있다. 오이디푸스 왕은 스핑크스의 수수께끼를 푼 것에서 보듯 인간의 삶을 다 아는 것처럼 자만하지만 정작 자신의 과오에 대해서는 무지했는데 이 이야기는 이성의 어리석음을 풍자한다고도 볼 수 있다. 가책을 느낀 오이디푸스는 스스로 눈을 찔러 눈이 먼 채 유랑의 길을 떠나면서 자신의 어리석음을 처벌한다. 프로이트는 아버지를 죽이고 어머니와 결혼한다는 이 신화적 이야기를 모든 인간이 유아기에 품는 무의식적 환상의 원형으로 재해석한다. 한편 라캉은 오이디푸스 콤플렉스를 아이가 상징계로 진입하면서 욕망하는 주체로 태어나는 주체화의 과정으로 재해석한다.

이디푸스를 통해 설명한다.

오이디푸스의 진행 과정을 통해 그 내용을 살펴보자. 프로이트는 남자아이의 오이디푸스 콤플렉스를 전형으로 삼아 오이디푸스 이론을 전개한다. 오이디푸스 콤플렉스는 대략 3~5세 아동이 겪는데 성 발달 이론에 의하면 이 시기는 남근기에 해당한다. 남근기란 아이가 성기에 대해 관심을 보이면서 성 에너지가 성기를 중심으로 결집되는 시기다. 이 시기의 아이는 우연히 성기를 자극해서 얻는 쾌락을 경험하며, 이를 어머니에 대한 성애적 사랑과 결부시킨다. 그러면서 둘의 결합을 방해하는 존재인 아버지에 대해 무의식적인 적대감을 표출한다. 이것을 프로이트는 오이디푸스의 적극적 형태라고 부른다. 오이디푸스의 소극적 형태는 동성의 부모인 아버지에게 애정을 느끼고 이성의 부모인 어머니에게 적대감을 표현하는 경우다. 어느 것이나 부모에 대한 성애가 사랑과 미움의 양가성을 띤다는 면에서 본질상 같다. 오이디푸스 시기의 성애적 사랑을 성인의 입장에서 봐서는 안 되고, 아이가 어머니의 애정을 갈구하면서 어머니의 육체에 집착하는 것으로 이해하면 된다.

아이는 한편으로는 만족과 사랑의 품인 어머니의 육체에 집착하면서, 다른 한편으로는 자신의 성기에서 얻는 쾌락에도 탐닉한다. 그러나 어머니에 대한 아이의 사랑은 좌절될 수밖에 없다. 아버지가 개입하기 때문이다. 아이는 어머니를 두고 아버지와 경쟁하려고 하지만 아버지의 위협 때문에 자신의 욕망을 억압하면서 무의식 속으로 밀어 넣는다. 이때 아버지의 위협이 아이에게는 자신이 집착하는 성기에 대한 위협, 즉 거세 콤플렉스

Kastrationskomplex; castration complex 의 형태로 느껴진다. 남녀의 해부학적 차이에 조금씩 눈을 뜨는 남근기의 아이는 여자아이의 성기를 보면서 거세에 대한 아버지의 위협이 실현될 수 있다고 믿게 된다. 거세 콤플렉스는 오이디푸스 시기 성적 리비도가 남자 성기에 집중되면서 그것을 특권적 대상으로 만들기 때문에 가능하다. 아이가 오이디푸스 콤플렉스에 고착되지 않고 그것을 극복할 수 있는 것은 바로 이 거세 콤플렉스 덕분이다.

● ● ● 아이는 어머니를 두고 아버지와 경쟁하려고 하지만 아버지의 위협 때문에 자신의 욕망을 억압하면서 무의식 속으로 밀어 넣는다.

아이는 이제 어머니에 대한 성애적 사랑을 포기하고 아버지와 자신을 동일시하면서 스스로를 독립적인 남성으로 규정한다. 남근기 쾌락은 억압되고 해부학적 성차와 연결된 성 대상의 완전한 선택은 사춘기까지 유보된다. 여기에서 보듯 오이디푸스 콤플렉스는 아동의 성 발달에서 구체화되는 실제 소망이 아니라 최초 억압의 대상으로만 경험된다. 나중에 프로이트가 오이디푸스 콤플렉스를 신경증의 핵으로 규정하면서, 오이디푸스 시기의 원초적 소망이 무의식의 원형이 된다고 말하는 것도 이 때문이다.

남자아이는 거세 콤플렉스 때문에 오이디푸스 콤플렉스에서 빠져나오게 되지만 여자아이의 경우 사정이 조금 다르다. 프로이트는 오이디푸스 콤플렉스가 남녀에 따라 다른 양상으로 진행되는 이유를 거세 콤플렉스에 대한 태도로 설명한다. 여성과 남성의 해부학적 차이에 대한 완전한 지식이 없는 어린아이들은 단지 그 차이점을 성기가 있느냐(남자) 없느냐(여자)의 외형적 차이에서만 찾는다. 여자아이는 자신이 거세된 존재라고 느끼면서 자신에게 부족한 남근을 가지고자 오이디푸스 콤플렉스에 빠져들게 된다.

오이디푸스 시기 여자아이와 남자아이 모두의 관심사가 되는 성기는 실제 신체 기관이라기보다는 성적 충동의 대상이자 쾌락을 보장하는 상징물이다. 그러므로 여자아이는 어머니와 자신을 똑같이 거세된 존재로 간주하면서 아버지를 통해 자신이 결여한 남근을 얻고자 하는 여성적 정체성을 갖게 된다. 남근은 상징적 기능으로 작용하기 때문에 여자아이에게는 그것이 무의식의 연상 속에서 자신의 아기를 가리키기도 한다. 프로이트에 의하면 여자아이가 남자아이보다 인형 놀이에 몰두하는 것도 이 때문이다.

그럼 오이디푸스 콤플렉스는 주체에게 어떤 영향을 끼칠까?

먼저 오이디푸스는 인격 구조와 성차 형성에서 결정적인 역할을 한다. 오이디푸스 초기에 아이는 어머니를 향해 피아간 구별이 없는 원초적인 성적 충동을 발산하다가, 그것을 방해하는 아버지의 금지를 수용함으로써 초자아$^{super-ego}$와 자아 이상을 자신의 내부에 자리 잡게 한다. 이 과정은 아이가 어머니에 의존하고 있는 맹목적인 성애에서 벗어나 자신의 정체성과 인격을 형성하는 사회화 과정이기도 하다. 아이는 아버지로 대표되는 사회적 질서와 금지를 수용하고, 이것을 금지의 목소리인 초자아와 이상화된 모델인 자아 이상으로 삼으면서 자신을 독립적 개체로 구성한다. 인격이란 타고나는 게 아니라 본능을 억제하고 이상화된 자아를 닮아가려고 하는 과정을 통해 이차적으로 형성되는 것이다. 인격 구조 형성에서 오이디푸스 콤플렉스는 결정적인 역할을 한다. 프로이트는 나중에 인격의 구조가 자아, 초자아, 이드로 나뉘어 상호 갈등하고 균형을 이룬다고 설명하는데, 인격이 이처럼 분화되는 것은 오이디푸스 콤플렉스를 극복했기 때문이다. 그리고 아이는 최초 성애 대상인 이성의 부모를 포기하고 동성의 부모를 이상화하고 동일시함으로써 남자, 여자라는 성적 구별에 도달한다.

이제 남자아이는 아버지처럼 자신을 남성으로 규정하면서 사회가 이상화하는 남성성에 자신을 맞추려고 하고, 여자아이도 어머니에 동일시하면서 여성으로서 자신의 위치를 획득한다. 예를 들어 여자아이는 거세를 인정하고 아버지, 즉 남성을 통해 자신

남자와 여자는 날 때부터 다른 게 아니라 사회적으로 형성된다

정신분석은 인간의 성이 사회적 산물이며 성차 역시 후천적으로 형성된다고 보는 점에서, 사회적 성인 젠더^{gender}를 중시하는 여성주의 입장과 많이 통한다. 반대로 현대에 와서 강력한 영향을 미치는 '진화심리학'은 남녀의 선천적

에게 결여된 남근을 우회적으로 소유하려고 하면서 여성적 정체성을 갖는다. 오이디푸스 시기 거세에 대한 강한 부정은 여자아이에게 남자아이에 대한 경쟁심을 불러일으켜 남성처럼 행동하게 하고 여성을 남성처럼 대하는 심리를 갖게 해서 동성애적 기질을 발전시킬 수 있다. 이처럼 오이디푸스 콤플렉스의 극복 과정이야말로 성차 형성의 결정적 요인으로 작용한다.

다음으로, 오이디푸스 콤플렉스는 인간의 욕망을 본능적 차원

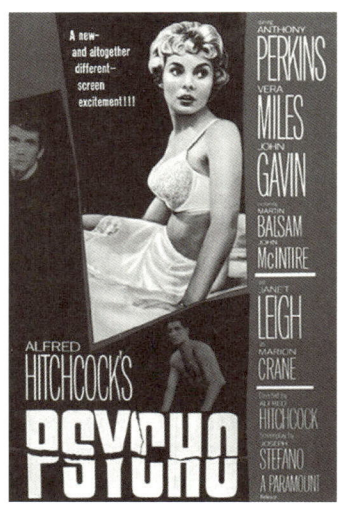

● ● ●
알프레드 히치콕(Alfred Hitchcock, 1899~1980) 감독의 유명한 영화 「사이코」(1960)에는 정신병적 증세를 가진 살인자 아들이 죽은 어머니에게 의존하는 심리가 탁월하게 묘사되어 있다. 영화에서 주인공은 어머니의 시체를 집에 보관하면서 혼자 어머니와 아들의 이중 역할을 수행한다. 어머니를 살해했지만 어머니의 그늘에서 벗어나지 못하고 인격이 분열되는 아들의 정신병적 구조가 잘 나타나 있다.

차이와 유전적 요인의 결정성을 더 강조한다. 진화심리학은 남녀의 성적 태도를 번식을 위한 전략의 차이로 해석한다. 예컨대 남자들의 바람기를 보다 많은 후손을 퍼트리려는 남성의 유전적 본성으로 설명하는 식이다. 그리고 뇌의 구조나 호르몬의 상이한 작용이 남성적 본성과 여성적 본성을 상이하게 만든다고 보는 점에서 정신분석과 입장이 다르다.

이 아니라 사회적 관계와 현실을 고려해 추구할 수 있도록 구조화한다. 오이디푸스의 본질은 근친상간적 성 본능에 대한 억압을 통해 성적 충동을 사회적으로 용인되는 방식으로 발산하는 것을 배우는 과정이다. 이것은 라캉이 강조하듯 자연적 본능을 상징적 법에 연결시킴으로써 인간화된 욕망이 생겨나는 과정이기도 하다. 인간의 욕망은 본능에서 생겨나는 것이 아니다. 욕망은 인간이 말을 배우고 사회화되면서 타자와 관계 속에서 생겨난다. 욕망은 아이가 전前오이디푸스 단계에서 꿈꾸었던 원초적 욕망을 억압하면서 발생한다. 이런 억압의 휴유증으로 나타나는 것이 흔히 말하는 신경증의 증상이다. 그리고 근친상간적 성 본능에 고착되어 자신을 분리하지 못하는 경우가 정신병이다. 정신병 환자가 자주 유아기로 퇴행하는 모습을 보이는 것은 우연이 아니다.

사람은 일정한 나이가 되면 젖을 떼야 하고 완전한 만족이라는 환상에서 벗어나 자신을 욕망하는 주체로 구성하면서 사회로 진입해야 하는데, 이것은 오이디푸스 콤플렉스를 잘 극복했을 때만 가능하다.

성 충동의 발달

프로이트는 인간의 성이 본능에 지배되는 것이 아니며 사회·문화적으로 형성된다고 말한다. 그리고 성 본능은 개인 삶의 역사와 경험을 통해 다양한 방식으로 구성된다고 강조한다. 프로이트는 인간의 성 에너지를 리비도Libido라고 부른다. 원래 리비도란 육체의 원초적 본능이나 사랑, 정열 같은 욕망의 근원을 묘사하는 라틴어다. 프로이트는 리비도란 단일한 본성의 성 에너지이며, 신체의 다양한 성감대를 통해 대상으로 투여되는 것이 그 속성이라고 설명한다. 리비도가 끊임없이 이동하고 증가함에 따라 신체에 자극이 생기고 그 자극에서 비롯되는 흥분을 방출하기 위해 유기체가 행동한다는 것은 역동적인 심리 모델로 귀결된다.

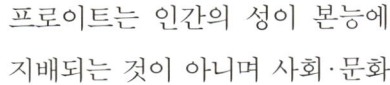

프로이트는 리비도가 남성적 본성을 가졌다는 리비도 일원론을 고수했다

리비도 일원론은 특히 멜라니 클라인Melanie Klein, 1882~1960을 비롯한 영국 정신분석학파의 비판을 받았으나 라캉은 리비도 일원론을 지지한다. 그리고 카를

리비도는 성감대에 정착되면서 신체 각 부분의 충동을 조직화하는데 이것은 단계적으로 발전한다. 여기서 충동Trieb; drive이란 각각의 성감대에서 리비도가 발휘되는 힘의 양상을 일컫는다. 충동은 본능과 구별되며, 인간의 성은 본능이 아니라 충동에 의해 설명된다. 본능은 대상에 의존적이며 생리적인 만족을 통해

유기체의 보존에 기여하는 자연적 기질이다. 반면에 충동은 본능의 충족 과정에서 특정한 만족의 경험이 남긴 흔적을 좇는 과정을 통해 이차적으로 발생한다. 예를 들어 배가 고프면 먹을 것을 찾지만 배가 부르면 입은 더 이상의 음식을 요구하지 않는다. 하지만 만족의 흔적이 충동을 분화시키면서 구순 충동이 발생하고 이제 충동 자체가 계속해서 새로운 대상을 요구한다. 어린 아이들이 배가 고프지 않아도 손가락을 빨거나 사탕을 물고 다니는 것은 구순 충동이 작용하기 때문이다. 성인이 되면 이제 구순 충동은 담배 같은 기호품이나 남에 대한 험담이나 비판을 통해 발산된다. 입과 연관된 모든 쾌락이 바로 구순 충동의 대상인 것이다. 본능이 유전적 요인에 의해 결정되는 선천적인 것이라면, 충동은 문화적 요인에 의해 결정되고 개인의 삶의 경험에 따라 다양한 방식으로 표출된다. 또한 본능이 찾는 대상은 주로 생리

> 융^{Carl Jung, 1875~1961}은 리비도가 중립적이라고 보았지만 프로이트는 리비도의 성적 본성을 변함없이 강조했다. 리비도의 본성은 하나지만 그것이 발휘되는 양상인 충동은 언제나 두 가지 범주로 이원화된다. 리비도 일원론과 충동 이원론이 프로이트주의의 특징이다.

적 욕구 충족과 관계되고 제한적이지만 충동의 대상은 다양하며 가변적이다. 이처럼 충동은 본능에서 점차 분화되면서 그것에 중첩되어 작용하는 것이 특징이다.

 리비도의 흐름을 통한 성 충동의 조직화는 대략 구순기, 항문기, 남근기를 거쳐 사춘기의 성기기에 완성된다.

- **구순기** 입과 주변을 중심으로 충동이 조직된다. 충동의 대상은 어머니의 젖가슴이다.
- **항문기** 항문과 그 주변을 중심으로 충동이 조직된다. 충동의 대상은 똥이다.
- **남근기** 자신의 성기에 관심이 쏠리지만 남자 성기가 중심이 되며, 충동의 대상은 자신의 몸이다.
- **성기기** 성적 충동이 해부학적 차이와 일치하며, 이성을 사랑의 대상으로 선택한다.

충동의 각 단계는 그에 상응하는 대상들이 있으며, 각 충동이 대상과 맺는 관계가 각 단계 성격의 원형을 이룬다. 유아기 성의 조직화는 최종적으로 자아의 형성으로 귀결된다. 그렇다고 프로이트의 성 발달론을 진화론적인 발달 이론처럼 단순하게 이해하면 안 된다. 자아는 대상을 향해 성 충동의 발산을 조절하면서 경우에 따라 구순기나 항문기로 퇴행하는 모습을 보이기도 하기 때문이다.

성 발달 단계론은 프로이트가 유아성욕론을 체계화하면서 인간의 성적 활동이 어떠한 과정을 통해 구체화되고 때로 변질되는지를 설명하기 위해 고안되었다. 각 단계를 좀 더 자세히 살펴보자.

구순기

구순기$^{oral\ Phase;\ oral\ stage}$는 입술을 중심으로 성 충동이 발생하는 최초 시기이며, 어머니의 젖가슴이 주된 대상이다. 그리고 구순 충동이 대상과 맺는 관계가 구순기 성격을 형성하면서 성인이

된 후까지도 영향을 미친다. 구순기의 아이는 어머니의 젖을 먹으면서 포만감과 만족을 느끼게 되므로 어머니에 대한 의존성이 심화된다. 이것이 초기 오이디푸스 시기에 아이가 어머니에게 느끼는 성애의 본질이다. 젖을 빠는 것은 생존을 위한 본능이지만 그 과정에서 대상을 통해 만족을 얻는 경험이 반복된다. 대상과 접촉하는 입술과 언저리는 쾌감이 집중되는 민감한 원천이 되며, 이것은 유기체의 신경 조직과 뇌에 최초 만족이라는 기억 흔적을 남긴다. 처음에는 어머니가 물려주는 젖을 빠는 수동적 경험을 통해 생리적 만족을 충족시키던 아이는 이제 기억 흔적을 좇아 구순 만족 자체를 계속해서 추구하게 된다.

구순기 충동은 인간이 대상을 취하고 내 몸속으로 받아들이면서 만족을 획득하는 대상 의존적 경험을 주체에게 원형으로 각인시킨다(다음에 설명할 항문기 충동은 구순기 충동과 반대로 대상을 내보내거나 틀어쥐는 행동의 원형이 된다). 구순기 충동적 특징은 타자의 욕망을 쉽게 자신의 욕망으로 동일시하는 히스테리 환자에서 특히 두드러진다.

그렇다면 구순기 충동은 성격 형성에 어떻게 작용할까? 입의 작용을 한번 살펴보자. 입은 외부 대상을 수용하기도 하지만 그 대상이 싫을 때는 깨물거나 뱉어내기도 한다. 음식이 혐오스러울 때는 입을 아예 다물지만, 구순적 쾌락에 탐닉할 때는 대상을 삼키지 않고 입 안에서 오물거리기도 한다. 그러므로 구순기는 대상에 대한 욕망의 원형이 된다. 사람들이 아주 좋아하는 대상을 마치 음식을 대하듯 하는 것은 구순 충동의 경험에 그 기원이 있다. 영어에서 사랑하는 사람을 '허니^{honey}'(꿀, 기분 좋은 것)라고

부르고, 신혼여행을 '허니문honeymoon'(꿀같이 달콤한 달)이라고 하는 것은 우연이 아니다. 또 예쁜 아기를 보면 깨물고 싶다고 하거나 키스를 퍼붓는 것도 구순 충동의 만족스러운 기억과 연관지을 수 있다. 우리가 일상적으로 사용하는 '사랑에 굶주렸다' 혹은 '돈에 배고프다' 등의 표현은 무의식적으로 구순 충동을 드러내는 것이라 볼 수 있다. 구순기에 갑작스럽게 젖을 떼거나 욕구를 박탈당하게 되면 대상에 대해 집착하거나 불안해하는 경향이 심화되기 쉽다. 그렇기 때문에 구순기는 특히 타인에 대한 의존성과 관계가 깊다. 이러한 의존성에 대한 방어 작용으로 자신이 적극적으로 남을 도우려 하고 그로부터 만족을 찾는 경우도 많은데, 이런 사람은 성장한 후에도 여전히 구순기적 충동에 강한 영향을 받는다고 할 수 있다.

한편 구순기는 공격성과도 연관된다. 맘에 들지 않는 대상을 물어뜯거나 그 대상에게 침을 뱉음으로써 만족을 경험했던 기억이 작용하기 때문이다. 어렸을 때는 이로 깨물지만 어른이 되어서는 욕을 하거나 빈정거림으로써 대상에 대한 공격성을 표현한다. 구순기 공격성은 대상에 대한 의존성과 같이 작용하기 때문에 불안감을 발생시킨다. 이러한 불안감을 방어하기 위해 때로 구순기 충동은 타인에 대한 적극적인 원조나 과도한 애정의 표현으로 나타나기도 한다. 그리고 성인이 된 후에도 대상관계나 대인관계에서 감당할 수 없는 불안감이 생기거나 문제가 있을 때 구순기로 퇴행하려는 모습을 보이기도 한다. 예컨대 폭군으로 잘 알려진 연산군燕山君, 재위 1494~1506의 잔혹성과 어머니에 대한 집착은 구순기 욕구 불만의 좌절이 공격성과 불안으로 표출된 구순기 퇴행의 한 예라 할 수 있다.

■■ 항문기

항문기^{anale Phase; anal stage}는 대략 2~4세의 시기이며, 용변을 가리면서 규율을 배우는 시기다. 항문기는 항문 주변에 리비도가 집중되면서 항문 충동이 발생하는 시기다. 충동의 대상은 똥인데, 똥은 무의식의 연상 사슬에서 여러 가지 상징적 의미를 갖는다. 언뜻 생각하면 항문을 중심으로 성적 쾌락이 조직화되는 게 이해되지 않지만, 이 시기 아이는 자신의 몸을 통해 리비도 쾌락을 경험하고 그것이 성 충동의 근간을 이루기 때문에 구순기에 이어 항문기 충동이 자연스럽게 조직된다. 배설 행위는 긴장을 제거하고 안도감을 갖게 만들면서 신체에 쾌락을 제공하는 작용이기 때문이다. 그리고 아이는 똥오줌을 가리는 훈련을 받고 자신이 잘했을 때 어머니에게 칭찬을 받으면서, 타인의 요구에 부합하는 방식으로 본능적 행동을 표출하는 법을 배운다. 또 한편으로 아이는 때로 배변 활동을 억제하면서 그것이 주는 쾌락을 유보하거나 부모를 통해 강요되는 훈육에 반항하기도 하는데, 이것이 나중에 항문 충동과 관련된 성격을 형성한다.

항문기에 성 충동이 조직화되는 것은 일차적으로 배변 활동을 통해 긴장을 제거하면서 쾌감을 누리는 것과 관련이 깊다. 다른 한편으로 배설을 참을 때도 배설물이 직장^{直腸}의 벽에 적당히 압박을 가해 쾌락을 주기도 한다. 유아기 성적 쾌락은 몸의 부분 부분이 적절한 자극을 느낄 때 발생하는 몸의 원초적 작용이다. 이렇게 똥을 방출하는 능동성과 억제하는 수동성은 항문기 충동

에 복합적으로 작용한다. 더구나 항문기는 위에서 말한 것처럼 본능적인 생리 활동에 제한을 받고 규칙을 강요받으며 타인과의 관계에서 충동을 발산하는 것을 배우는 단계다. 이 관계에서 똥이 중요한 역할을 하는데 똥은 무의식적 의미로는 타인에게 주는 선물과 돈이자 몸에서 떨어져 나가는 거세의 상징물이 된다.

항문기 충동에서 나타나는 대상의 방출과 억제를 둘러싼 갈등은 특히 강박신경증*에서 두드러진다. 프로이트는 강박신경증 환자 '쥐 인간$^{Rattenmann, 1878~1914*}$'의 사례를 1909년 「강박신경증의 한 사례에 대한 메모$^{Bemerkungen\ über\ einen\ Fall\ von\ Zwangsneurose}$」로 발표했다. 쥐 인간의 강박 증세는 특히 돈에 관계된 것이 많은데, 이는 무의식적 연상에서 똥이 돈을 상징하기 때문이다. 예를 들어 쥐 인간은 우체국 여직원에게 우편물 비용을 갚아야 했지만, 그것을 갚지 못하는 상황을 스스로 만들면서 빚 때문에 괴로워한다. 정상적인 인간이라면 빚을 갚아서 문제를 쉽게 해결하지만, 쥐 인간은 한편으로 빚을 갚아야 한다고 다짐하면서도 다른 한편으로는 부채 상환을 고의로 지연시킨다. 그리고 쥐는 직접적으로 항문 충동을 연상시킨다. 군대 상관으로부터 옛날 중국에서 쥐가 항문을 갉아 먹게 하는 고문이 행해졌다는 얘기를 들은 쥐 인간은 그 고문이 자신의 애인과 죽은 아버지에게 실행될까 봐 걱정하면서도, 다른 한편으로는 그런 처벌이 발생하기를 무의식적으로 바라기도 한다.

쥐 인간의 강박증의 근원에는 어려서 자신을 처벌하고 엄격하게 대했던 아버지에 대한 애정과 증오의 복합적인 감정이 있다. 억압된 기억이 항문 충동에 고착되면서 쥐 인간은 돈과 관련된 여러 가지 증세를 보인다. 쥐 인간의 무의식적 사고에서 쥐는 빚을 의미하며, 그것은 다시 자신처럼 빚을 졌던 아버지를 지시하기도 한다. 실제로 독일어에서 '쥐'를 뜻하는 'Ratte'와 '빚', '할부금'을 뜻하는 'Rate'는 똑같이 '라테'로 발음된다.

한편 항문 성애와 관련된 성격은 '깔끔함', '인색함', '완고함'이다. 이러한 성격은 항문기 배변 훈련의 경험에 따라 상이하게 나타난다. 만약 아이가 배설을 통해 어머니의 칭찬을 받고 그것이 남을 기쁘게 한다는 것을 배운다면, 아이는 자신의 것을 남에

■ 강박신경증

히스테리와 더불어 신경증의 두 가지 범주 중 하나이다. 강박증이란 어떤 특정한 생각에 사로잡혀 있거나 불합리하고 불쾌한 행동임을 알면서도 그것을 반복하도록 충동을 느끼는 병리적 상태를 말한다. 강박증 환자가 특정한 행동을 반복하는 것은 주체가 느끼는 과도한 불안감을 벗어나기 위한 것이지만 강박행동을 되풀이할수록 불안감은 더 커진다. 강박증 환자는 또한 의심이나 근거 없는 양심의 가책을 느끼기도 하고, 특정한 기억(예컨대 수치심) 때문에 심적 압박감을 느끼기도 한다. 강박증 환자들은 종종 순서나 규칙성에 사로 잡혀 있는 경우가 많고, 불필요한 물건들을 버리지 못하고 쌓아놓는 경우가 흔하다. 정신의학에서는 강박증을 불안장애의 하나로 보면서 약물치료와 인지행동치료를 권한다. 최근 국민건강보험공단 통계에 따르면 우리나라에서도 특히 입시부담이 많은 청소년층을 비롯해 다양한 연령대에서 강박증 증세를 호소하는 사람의 숫자가 꾸준히 늘고 있다.

■ 쥐 인간

본명은 에른스트 란처(Ernst Lanzer)로 프로이트에게 치료받았으며, 프로이트가 가장 애착을 갖고 분석하면서 사람들에게 소개한 강박신경증 사례. 란처는 군대 상관에게서 이야기로 들은 쥐 고문이 이미 죽은 아버지와, 애인에게 행해질까 걱정하면서 여러 신경증 증상을 보였기에 쥐 인간이라는 별명이 붙었다.

게 아낌없이 나눠주는 박애주의자가 되기 쉽다. 반대로 배설을 참는 것에서 쾌락을 느끼기 시작한다면 그는 완고하거나 인색한 성격이 되기 쉽다. 지나친 용변 훈련과 엄격한 처벌은 아이로 하여금 깔끔하고 결벽적인 성격을 키우게 하거나 반대로 아이를 반항적으로 만들기 쉽다. 이런 경우 어린아이는 일부러 바지에 오줌을 싸거나 몸을 더럽힘으로써 부모에게 복수하려고 한다. 이처럼 항문기 충동은 성격 형성 중 사회적 규율이나 돈에 대한 태도에서 특히 두드러진다. 강박신경증 환자는 배설을 억제하고 반항하면서 이것에 대한 방어 작용으로 죄책감을 갖기도 한다.

남근기

남근기 phallische Phase; phallic stage 는 오이디푸스 콤플렉스를 거치는 중요한 시기로 이후 리비도의 조직화는 잠복기로 들어간다. 이 시기 아이는 이전까지 파편적으로 느끼던 성적 충동을 성기를 중심으로 조직화하려고 하는데, 이는 우연히 얻게 된 성기의 쾌락 때문이다. 아이들은 자신의 성기를 만지면서 묘한 육체적 쾌감을 느끼지만, 부모에 의해 제지를 받는 경우가 많다. 아이들의 자위는 자신의 몸을 통해 원초적 쾌감을 즐기는 차원이므로, 대

> 프로이트의 성 이론은 남자 성기의 역할을 중시하는 남근 중심주의라는 점에서 전형적인 남성 중심주의 이론이라고 비판받기도 한다
>
> 이에 반해 멜라니 클라인이나 어니스트 존스 Ernest Jones, 1879~1958를 중심으로 한 영국 정신분석학파나 페미니즘 진영에서는 여자아이가 일찍부터 남근이

● ● ● 남근기 아이는 남녀 성기에 대한 해부학적인 지식이 없으며 오직 하나의 성기인 남근만을 안다. 따라서 남근에 대한 태도가 남자아이와 여자아이의 성차를 각각 다르게 규정하게 된다. 남자아이는 남근을 가지고 있다고 생각하고 여자아이는 스스로 거세되어 있다고 생각한다.

아니라 질^{vagina}에 대한 지식을 가지고 있다고 주장하면서 프로이트주의를 반박하기도 한다. 그러나 어린아이가 무의식적으로 질의 존재를 안다는 주장은 논란의 소지가 많다. 그리고 프로이트가 말하는 남근은 남자아이의 실제 성기를 지칭하기보다는, 거세와 관련해 주체에게 영향을 미치는 리비도의 상징물이다. 라캉은 이런 입장을 발전시켜 남근을 결여의 시니피앙으로 해석한다.

상을 염두에 두는 성인의 자위와는 다르다. 그런데 성기에 집중된 리비도의 조직화는 남근기에 완성될 수 없는데, 이는 거세 콤플렉스 때문이다. 그리고 남근기 아이는 남녀 성기에 대한 해부학적인 지식이 없으며 오직 하나의 성기인 남근만을 안다. 이 하나의 성기인 남근에 대한 태도가 남자아이와 여자아이의 성차를 각각 다르게 규정하게 된다. 남자아이는 남근을 가지고 있다고 생각하고 여자아이는 스스로 거세되어 있다고 생각한다.

심리적으로 남근에 대한 집착은 몸의 쾌락에 집중하는 나르시시즘narcissism적인 자가 성애에 가까우며 아직 남근적 충동을 외부 대상에 연관시키지 못한다. 아이의 관심은 여자와 남자의 신체

••• 강원도 삼척시 신남 마을에는 '성(性) 민속 공원'인 해신당 공원이 있다. 이곳에는 수많은 남근 조형물이 있으며, 마을 입구에 서 있는 장승에는 '천하대남근(天下大男根)'이라는 글귀가 새겨져 있다. 고대 그리스나 로마의 조각에도 거대한 남근을 가진 인물이 많이 등장하는 것에서 보듯, 남근 숭배는 동서양 모든 문화권에서 발견된다.
ⓒ연합뉴스

적 차이가 아니라, 남근이 보존될 수 있느냐 없느냐에 쏠리기 때문이다. 다른 한편으로 남근기 아이는 어머니에 대해 성적 환상을 품으며, 리비도의 대상으로 어머니를 선택하려고 하기도 한다. 아이는 이미 구순기와 항문기를 거치면서 성적 충동이 주는 쾌감을 경험했으며 이제 남근기에 이르러 성적 충동을 어머니라는 대상과 결부시키려 한다. 아이에게 어머니는 최초 성적 쾌락의 유일한 대상으로 각인되기 때문이다. 그러나 어머니는 아이가 아니라 아버지에 속한다는 것이 더 분명해진다. 이러한 갈등 상황이 어머니를 두고 아이와 아버지가 경쟁하는 오이디푸스 삼각 구도^{Oedipus triangle}의 본질이다.

결국 거세 콤플렉스의 영향 때문에 아이는 남근을 중심으로 한 성 충동의 조직화를 포기하면서 이후 잠복기로 들어간다. 아이는 비록 남근기에 오이디푸스 콤플렉스의 좌절을 겪지만 그 과정에서 아버지나 어머니에 자신을 동일시하면서 성적 주체로 태어나게 된다. 하지만 포기된 남근적 충동은 무의식에 깊은 흔적을 남기게 되고, 다시 성인이 되었을 때 성기기를 통해 완성된다. 여러 문명권에서 볼 수 있는 남근에 대한 숭배와 의식은 남근적 충동의 표현으로 볼 수 있을 것이다.

🔶 성기기

프로이트는 구순기, 항문기, 남근기를 전^前성기기, 그리고 그 이후의 단계를 성기기^{genitale Phase; genital stage}로 나누어 구분한다. 전성기기는 한마디로 리비도의 흐름이 아이의 몸을 중심으로 부분적으로 조직화되는 시기로 1차 나르시시즘*적 경향을 강하게 보

인다.

앞에서 본 것처럼 전성기기의 성적 충동은 아직 생식과 연관되지 못하며, 남녀의 해부학적 차이와도 일치하지 않는다. 잠복기를 거쳐 사춘기에 도달하면, 육체적으로 성숙하고 성에 대한 지식도 많이 생긴다. 이제 성 충동은 이성의 대상을 향해 온전히 표출되는데 이 마지막 단계가 바로 성기기다.

성기기에는 성적 충동이 사랑의 감정과 결합하고, 충동의 대상은 부분이 아니라 전체로서 인식된다. 비로소 성의 본래적 의미인 생식이 성 활동에 결합하면서 성 충동에서 성기가 특권화된다. 하지만 성기기의 중요성은 성기가 성감대에서 우월한 지위를 차지한다는 데 있는 게 아니라, 성 충동이 이성이라는 하나의 성적 대상을 향해 발산된다는 데 있다. 이제 남자와 여자의 해부학적 차이뿐 아니라 심리적으로도 뚜렷한 성차 구분이 완성되며 이성애가 형성된다.

지금까지 성 충동은 주로 자가 성애적이었지만, 이제는 성의 대상을

1차 나르시시즘과 2차 나르시시즘

나르시시즘은 자기 자신에게 리비도가 쏠리면서 육체가 성적 대상이 되는 상태를 말한다. 1차 나르시시즘이란 아직 충동이 외부 대상과 결합하지 못해 신체의 관능적이고 부분적인 자극에만 집중하는 시기다. 2차 나르시시즘이란 외부 대상들에 집중되었던 리비도가 회수되어 자기 자신에게 집중되는 퇴영적 현상을 말한다. 프로이트 후기 이론에 따르면 2차 나르시시즘은 자아가 통합적인 대상으로 구성되면서 자아에 애정을 느끼는 것을 말하며, 최종적인 인격 발달에 중요한 역할을 한다.

찾아낸다.

프로이트, 『성욕에 관한 세 편의 에세이|Drei Abhandlungen zur Sexualtheorie』(1905)

성기기는 성적 충동이 성숙된 형태로 발산되지만 그래도 전성기기적 충동은 계속해서 영향을 미친다. 성교와 애정의 표현에서 입맞춤이나 애무 같은 전성기기적 모습이 두드러지게 나타나는 것은 전성기기적 충동이 계속해서 작용하기 때문이다. 이러한 것들은 성적 쾌락을 증진시키고 사랑의 감정을 돈독하게 만들어준다. 하지만 성인이 된 이후에도 가끔 전성기기로 완전히 퇴행하려는 극단적인 모습이 나타나기도 하는데 이러한 경우는 도착이나 정신병에서 자주 발견된다.

만남 3

메타심리학과 사회의 기원

프로이트는 1896년 처음으로 정신분석학이라는 용어를 사용했으며 친구 플리스에게 보낸 편지에서 자신의 학문을 전통적인 심리학과 구별해 '메타심리학metapsychologie; metapsychology'이라고 부르기도 했다. 프로이트가 보기에 전통 심리학은 과학주의의 이상에 매달리면서 의식에 대해서만 관심을 집중하기 때문에 인간의 삶을 종합적으로 해명할 수 없었다. '메타meta'는 그리스어로 '~의 뒤에, ~을 넘어, ~을 초월해서'의 뜻으로, 메타심리학은 인간의 의식이 아니라 심층의 무의식을 다룬다. 마치 철학에서 형이상학metaphysics이 신, 영혼, 우주 등 초월적 영역을 다루는 것과 마찬가지다.

무의식을 대상으로 삼는 메타심리학은 정신분석학의 대상과 목표를 아주 잘 드러내주지만, 그렇다고 무의식을 초월적이고 신비한 실체처럼 다루는 것은 아니다. 프로이트가 의도한 것은 무의식을 대상으로 삼는 새로운 과학의 창시였다. 메타심리학은 역동적, 위상학적, 리비도 경제학적 관점이 그 특징이다. 프로이트는 메타심리학을 설명하기 위해 정신 기구 모델을 두 차례에 걸쳐 구상하는데, 첫 번째 모델은 『꿈의 해석』의 7번째 장 '꿈-과정의 심리학'에 소개되어 있다. 두 번째 모델은 1915년부터 메타심리학을 주제로 일련의 논문을 쓰면서 구상되다가 1923년 출간된 『자아와 이드 Das Ich und das Es』에서 구체화된다. 메타심리학의 핵심인 역동성은 두 번째 모델에서 더 전형적으로 제시된다.

1차 정신 기구 모델

꿈을 통해 무의식을 과학적으로 증명하려는 프로이트의 시도는 정신 기구 모델을 고안하면서 구체화된다. 꿈이 무의식에 이르는 왕도임을 천명한 프로이트는 꿈에서 작용하는 무의식의 법칙을 압축과 전치로 요약하는 연구 결과를 내놓았다. 압축과 전치는 꿈만이 아니라 여타 무의식적 작용인 농담, 말실수, 실착 행위, 망각 등에도 동일하게 작용한다. 프로이트는 이러한 메커니즘을 설명할 수 있는 모델을 설정하는데, 이것이 바로 무의식 Unbewusste; unconscious, 전의식 Vorbewusste; preconscious, 의식 Bewußtsein; consciousness 으로 나뉘는 첫 번째 정신 기구 모델이다. 프로이트는 세 영역을 일종의 장소에 비유한다. 이는 해부학적 위치를 말하는 게 아니라 심리적 소재지이며, 복잡하게 작동하는 기계 장치를 이루는 시스템에 가깝다.

우리는 정신 기구를 조립된 기계로 생각하면서, 그 구성 성분을 심급$^{\text{Instanz; agency}}$ 혹은 알기 쉽게 조직$^{\text{System; system}}$이라고 부르려고 한다. 그런 다음 망원경의 여러 렌즈들의 시스템이 차례로 배열되어 있듯이, 이 조직들이 공간적으로 서로 일정한 방향을 취하고 있다고 예상해 보자.

「꿈의 해석Traumdeutung」

정신 기구의 각 시스템은 고유한 작동 법칙과 에너지에 의해 움직이면서 상호 갈등과 협력의 관계를 맺는다. 프로이트는 무의식적 사고의 형성을 1차 과정, 전의식과 의식을 형성하는 메커니즘을 2차 과정이라 부른다.

각각의 시스템이 어떻게 작동하는지 살펴보자. 프로이트가 『꿈의 해석』에서 제시한 1차 정신 기구 모델은 아래의 그림과 같다. 그림에서 보듯 1차 정신 기구 모델은 내적·외적 자극에서 출

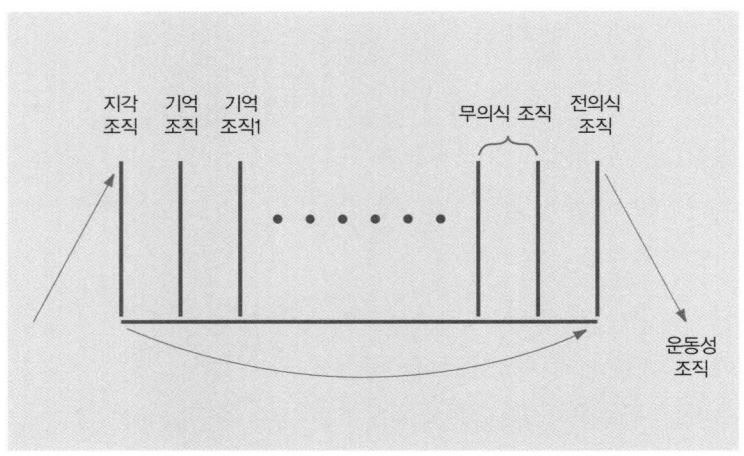

「꿈의 해석」 제7장의 1차 정신 기구 모델 그림

발(왼쪽 화살표)해 그것을 방출(오른쪽 운동성 조직)하는 과정으로 진행하는 일련의 에너지 흐름을 강조한다. 프로이트는 우리의 모든 심리 활동이 어떤 방향을 가지고 있으며, 그것은 자극에서 시작해 신경 감응, 즉 운동으로 끝난다고 말한다. 그러므로 첫 번째 모델은 에너지의 역동적 흐름에 기초해 구상되었다고 할 수 있다. 여기서 에너지란 리비도를 말하는데 그것이 자극 방출을 목표로 하는 것은 리비도 집중 과정에서 유기체를 흥분과 긴장 상태에 두기 때문이다. 무의식-전의식-의식은 리비도 흐름을 통제하는 각각의 시스템에 붙인 이름이며, 고유한 메커니즘을 통해 작동하면서 억압된 표상들을 여러 가지 교묘한 방법으로 표현한다.

무의식은 의식에 도달하지 못하는 기억의 흔적들을 관장하는 심급으로, 주체가 알지 못하는 심층화된 기억에 가까우며 나중에 전의식에서 이루어지는 꿈-사고의 실질적 출처가 된다. 무의식의 기억은 단번에 하나의 상처럼 기록되는 게 아니라 여러 기억 조직으로 자극이 전달되면서 흥분의 흔적만을 정신 기구에 새긴다. 이때 기억 흔적이 리비도의 자극에서 비롯되는 감정의 흥분을 동반한다는 사실이 중요하다. 나중에 프로이트는 무의식을 충동의 억압과 연관 지어 설명하는데, 억압되는 것은 충동 자체가 아니라 그것과 결부된 표상이다. 충동의 표상들은 정서를 동반하면서 그 흔적을 각인하는 것이다. 예를 들어 우리가 아주 끔찍한 영화의 한 장면을 봤다고 하자. 시간이 흐르면서 그 장면에 대한 기억은 잊지만 그것에 결부된 강한 정서의 찌꺼기는 계속 남는다. 정서는 리비도 에너지가 발생시키는 일종의 흥분이

기 때문이다. 그러다 유사한 상황이 되풀이되면 흔적은 다시금 충동이 발휘되도록 부추긴다.

　꿈의 메커니즘에 정신 기구 모델을 대입해보자. 꿈은 소원 성취와 수면의 보호라는 두 가지 기능을 수행한다. 꿈을 꾸는 사람이 낮에 어떤 고민에 사로잡혀 있거나 특별한 경험을 했다면 그

●●● 잔인한 영화의 장면을 봤을 때, 시간이 흐르면 그 장면에 대한 기억은 잊지만 그것에 결부된 강한 정서의 찌꺼기는 계속 남는다.

것은 흥분된 감정을 잔재로 남긴다. 이 낮의 잔재가 잠을 방해하기 때문에 꿈-작업이 개입해 해결하려 한다. 예를 들어 빚 때문에 고민하던 사람이 복권에 당첨되는 꿈을 꾸는 것을 연상하면 된다. 꿈이라도 꾸지 않으면 이 사람은 제대로 잠들 수 없을 것이다. 하지만 이러한 즉각적인 소원 외에 지속적으로 작용하는 무의식적 소원이 있는데 이것은 보통 유아기의 기억과 연관된다. 이때 꿈-사고는 원초적인 무의식적 소원으로 향한다. 이제 과거의 소원은 꿈을 통해 현재 진행형이 된다. 꿈이 퇴행적이라는 프로이트의 말은 꿈이 무의식적 소원이나 오래된 억압을 무대화한다는 것을 지칭하는 것이다. 앞의 정신 기구 모델을 보면 사고가 이루어지는 운동 조직의 방향에서 거꾸로 지각 조직의 방향으로 에너지의 흐름이 진행되는 것이 퇴행Regression; regression이다. 퇴행을 통해 사고의 내용은 원초적 기억 흔적과 결합한다. 꿈-작업에서는 앞에서 말한 압축과 전치는 물론 이미지화 작업이 동시에 이루어진다. 이러한 과정을 거쳐 주체의 현재 경험은 과거의 억압된 기억의 흔적들과 결합한다. 예를 들어 오랫동안 잊고 지냈던 사람이 꿈에 갑작스레 나타나거나 전혀 생각에 없던 장면들이 과거의 경험처럼 전개되는 것도 퇴행을 통해 설명할 수 있다. 꿈의 이러한 공정을 프로이트는 다음처럼 요약한다.

> 첫째, 의식되기 이전의 낮의 잔재가 무의식으로 옮겨지며, 둘째, 무의식 내에서 고유한 꿈-작업이 이루어지고, 셋째, 가공된 꿈-재료가 지각으로 퇴행하는데, 꿈은 지각(이미지)으로서 의식되기 때문이다.
>
> 프로이트, 「농담과 무의식의 관계Der Witz und seine Beziehung zum Unbewussten」(1905)

꿈이 무의식의 메커니즘을 잘 보여주긴 하지만 무의식을 꿈과 동일시할 수는 없다. 무의식은 보다 넓은 작용과 영역을 포괄하기 때문이다. 무의식은 꿈뿐만 아니라 말실수 같은 여타의 메커니즘을 통해서도 자신을 드러내는데, 이 모든 것은 억압$^{\text{Verdrängung;}}$ ^{repression}•과 관련 있다. 프로이트는 2차 정신 기구 모델을 구상하기 전까지 무의식을 주로 억압과 관련해서 설명한다.

> ■
> 프로이트는 꿈이 무의식적 소원이
> 전면화되는 장면이라고 했다
> 꿈의 메커니즘은 무의식의 1차 과정, 즉 압축과 전치다. 그러나 꿈의 내용물

그렇다면 무의식의 내용물은 무엇인가? 프로이트는 1915년에 쓴 「무의식$^{\text{Das Unbewusste}}$」이라는 논문에서 억압된 것을 '충동의 대리물$^{\text{Triebrepräsentanz; instinctual representative}}$'이라고 부른다. 충동에 대해서는 앞에서 설명했는데, 여기서 한 가지 더 정의를 덧붙이자면 충동은 신체적인 것과 정신적인 것의 경계 개념이다. 다시 말해 충동은 완전히 육체로도 환원되지 않고 순수한 정신 작용도 아니

■ 억압

충동에 연계된 표상들을 의식에서 배제해 무의식 속에 밀어 넣으려고 하는 작용. 억압은 충동의 만족이 주체를 불쾌하게 만들 우려가 있을 때 발생한다. 프로이트에 따르면 억압된 것이 무의식의 내용물을 이루며, 의식이 그것에 접근하지 못하도록 여러 방어 작용과 저항이 일어난다.

다. 충동은 어떤 실체가 아니라 계속해서 유기체를 욕구로 향하도록 미는 힘의 작용을 말한다. 충동이 무의식, 의식, 전의식이라는 정신 기구의 세 가지 심급과 관계할 때는 충동이 집착하는 표상이 곧 대상이 된다. 프로이트가 자신의 논문에서 말한 '충동의 대리물'이란 바로 이것을 의미한다.

충동은 늘 그것에 수반되는 이미지, 환상, 느낌 등의 표상을

> 은 어떤 때는 굉장히 논리적이기도 하고, 심지어 가끔은 우리가 꿈을 꾸는 도중에 그것이 꿈이라는 것을 알기도 한다. 이것이 가능한 것은 꿈속에 전의식이 작용하고 있기 때문이다.

수반하며 그것에 고착되어 있다. 예를 들어 구순기 충동은 원형처럼 남아 어머니의 젖가슴으로 대표되는 표상들을 만들고 그것을 정신 기구에 각인한다. 이 충동의 대리물이 억압되는 장소가 바로 무의식이며, 무의식의 내용물은 곧 충동이 고착된 표상들이다. 무의식의 내용물은 억압과 관련되지만, 그중에서도 특히 최초 억압의 대상인 오이디푸스 콤플렉스와 연관된 소원이 그 중심이 된다. 이후에 프로이트는 억압을 다시 '원초적 억압'과 '2차 억압'으로 나누어 설명한다. '원초적 억압'이란 오이디푸스 시기에 일어나는 원형적 억압이며, '2차 억압'은 주체가 살아가는 동안 계속 되풀이되는 억압이다. 무의식의 내용물이 유아기 성에 연관되는 것은 원초적 억압 때문이다.

다음으로 전의식과 의식을 살펴보자. 정신 기구 그림에서 보듯 전의식은 의식과 무의식을 연결해주는 관문이며 자극이 방출

되는 운동성 조직에 직접 맞닿아 있다. 전의식은 의식의 검열을 피해 무의식과 결합되어 작용하기도 하지만 의식에 바로 접근할 수 있는 내용물로 이루어진다는 점에서 무의식과 구별된다. 프로이트는 우리가 약간만 정신을 집중하거나 연상 작용을 수행한다면 전의식의 내용을 알 수 있다고 말한다. 반면에 무의식은 전의식을 통해서만 의식에 알려지며, 그나마 그 과정에서 무의식의 내용물은 많은 변화를 겪는다. 무의식의 내용물이 전의식에 들어올 때는 엄격한 검열이 작용하기 때문이다. 하지만 일단 전의식에 수용된 표상들은 쉽게 의식으로 갈 수 있다.

프로이트가 의식과 무의식 두 체계가 아니라 중간에 전의식의 체계를 끼워 넣은 것은 억압과 억압된 것이 회귀하는 메커니즘이 복잡하기 때문이다. 그리고 역동적 차원에서 무의식적 소원과 의식의 대립 및 타협을 설명하기 위해서는 중간의 매개자를 설정할 필요를 느꼈을 것이다. 무의식과 의식이 아주 이질적인 체계처럼 작용한다면 무의식이 정신의 본질이라는 가정은 부정되어야 한다. 여기서 둘의 작용에 동시에 작용하면서 중재할 수 있는 체계가 필요하다.

의식 체계는 주로 판단, 구별, 분석과 같은 사유 작용을 통해 현실과 교섭하기 때문에 말의 표상에 많이 연관된다. 반면에 위에서 설명했듯, 무의식의 내용물은 원초적 기억, 즉 사물 표상에 가깝다. 그런데 전의식에는 이 두 가지가 다 들어 있다. 그러므로 한편으로 전의식은 무의식을 억압하면서도 그것과 관계를 맺을 수 있고, 다른 한편으로 의식의 대변자처럼 무의식의 작용에 끼어들기도 한다.

의식은 나중에 프로이트가 2차 모델을 구상하면서 상당 부분 자아에 귀속시키는 심급이다. 의식은 현실을 인정하고 수용하면서 대상화된 관계를 만드는 기능을 한다. 정신 모델은 리비도 에너지의 자유로운 흐름과 방출을 전제하는데, 의식은 이것을 외부 현실과의 관계 속에서 대상과 연관 지어 방출하기 위해 분화된 시스템이다. 프로이트는 의식의 작동 법칙을 2차 과정이라고 한다. 우리가 대상에 대해 분석하고 판단하는 사유를 생각하면 될 것이다.

2차 과정은 무의식의 메커니즘인 압축이나 전치와 달리, 대상에 대한 현실적 분별력을 중시한다. 예를 들어, 몹시 배가 고파 잠이 든 사람은 맛있는 것을 먹는 꿈을 꾼다. 이것은 허기가 주는 긴장을 달래려는 무의식의 1차 과정이 소원 충족의 꿈을 만들기 때문이다. 그러나 꿈이나 환상만으로는 허기를 달랠 수 없기 때문에, 이 사람은 잠에서 깨게 되고 먹을 것을 찾아 나선다. 여기서 잠시 즉자적인 환상적 만족을 유보하고 현실의 대상을 찾도록 하는 과정이 바로 2차 과정(사유)이며 그것을 담당하는 것이 의식이다. 2차 과정은 의식뿐 아니라 전의식에도 관계된다.

이상에서 보듯 무의식-전의식-의식은 유기체의 활동을 담당하고 보존하면서 리비도적 욕구를 충족시키는 각각의 기능에 붙여진 이름이다. 이 세 가지 시스템은 때로 갈등하기도 하는데 바로 현실이나 타인과의 관계가 개입되기 때문이다. 프로이트는 나중에 이런 갈등 관계를 좀 더 세련된 형태로 개념화하면서 2차 모델을 구상한다.

2차 정신 기구 모델

프로이트는 일생 동안 연구를 심화시키면서 불완전한 개념을 보완하고 때로 과감하게 수정하면서 자신의 이론을 늘 새롭게 만드는 정력적인 학자의 모습을 보여줬다. 특히 1920년대부터 시작된 이론적 변화는 이전까지 진행된 프로이트 자신의 학문적 성과를 무너뜨릴 정도로 컸다. 프로이트는 1920년 『쾌락 원리를 넘어서

> 충동 이원론은 애초 자아 보존 충동과 성 충동의 대립으로 설명되다가, 나르시시즘이 도입되면서 자아 충동과 대상 충동으로 이원화된다. 마지막에 2차

Jenseits des Lustprinzips』라는 책에서 죽음 충동이라는 개념을 본격적으로 도입하면서 충동 이원론을 삶의 충동인 에로스Eros와 죽음 충동인 타나토스Thanatos*의 대립으로 바꾼다.

이것은 이전까지 쾌락 원리Lustprinzip; pleasure principle*를 중심으로 욕망의 구조를 제한적으로 설명하는 것에서 벗어나 쾌락 원리를 정면으로 거스르는 죽음 충동이 삶에서 더 근본적임을 역설하는 대단한 변화였다. 더구나 죽음 충동은 기존 정신분석적 틀로는 정당화하기 힘들었을 뿐 아니라 어느 정도는 사변적이고 신화적인 개념이었기 때문에 프로이트의 많은 제자들에 의해서도 거부되었다.

프로이트의 이론 변화는 1923년에 새롭게 고안된 2차 정신 기구 모델을 통해 구체화되는데 이것이 오늘날 우리에게 익숙한 이드, 자아, 초자아 이론이다. 1차 위상학적 모델이 억압된 것이

회귀하는 양상을 밝히는 무의식의 메커니즘 규명에 많이 치우쳤다면, 2차 모델에서는 이드, 자아, 초자아라는 세 심급 간의 상호 갈등 양상이 더 부각되면서 무의식의 역동적 차원이 강조된다. 그리고 무의식은 의식과의 대립이 아니라 인격 내부의 분열처럼 설명된다. 각각의 개념을 자세히 살펴보면서 프로이트의 이론적 변화를 따라가보자.

> 정신 기구 모델이 구상되면서 죽음 충동과 삶의 충동의 대립이 최종적으로 제시된다.

타나토스

그리스 신화에 따르면 타나토스는 저승의 지배자 하데스(Hādēs)의 명을 받아 죽은 이들을 저승으로 데려오는 일을 하는 저승사자다. 타나토스의 쌍둥이 형제가 잠의 신 히프노스(Hypnos)로, 그가 들고 다니는 지팡이에 닿으면 누구나 깊은 잠에 빠진다고 한다. 최면술을 뜻하는 영어 히프노티즘(Hypnotism)이 이 신의 이름에서 나왔다. 히프노스와 타나토스는 같이 일하기도 한다. 타나토스는 은유화되면서 죽음의 동의어가 되는데, 프로이트는 삶의 충동에 대립되어 유기체를 파괴하고 죽음으로 향하게 만드는 본능을 타나토스라고 불렀다. 인간의 공격성은 죽음 충동과 관련이 깊다.

쾌락 원리

에너지의 흐름은 자극과 긴장을 발생시키는데, 쾌락 원리의 목적은 이 긴장 상태를 벗어나는 것이다. 그것은 과도한 리비도 집중에서 비롯된 흥분을 방출함으로써 이루어지며, 적극적으로 쾌락을 추구하기보다는 오히려 불쾌를 피하려는 경향에 가깝다. 이드는 특히 쾌락 원리의 지배를 전적으로 받는다.

••• 존 워터하우스(John Water-house, 1849~1917)의 「잠과 그의 형제 죽음(Sleep and His Half-Brother Death)」(1874). 빛을 받아 하얀 피부를 드러낸 히프노스는 어두운 그림자 속의 타나토스와 함께 지금 깊은 잠에 빠져 있다.

이드

우리가 이드, 자아, 초자아로 부르는 것들은 원래 프로이트가 독일어 '에스^{Es}', '이히^{Ich}', '위버이히$^{Über-Ich}$'로 표현한 것들이다. 이를 제임스 스트레이치$^{James\ Strachey,\ 1887~1967}$가 영어로 번역하면서 라틴어인 '이드^{id}', '에고^{ego}', '슈퍼에고$^{super-ego}$'를 각각 가져와 표현했다. 즉 이드는 독일어의 중성 인칭 대명사 '에스^{Es}'의 번역어다. 프로이트는 뚜렷하게 지칭할 수 없는 성적 충동의 근원을 묘사하기 위해 의사 게오르크 그로데크$^{Georg\ Groddeck,\ 1866~1934}$*에게서 이 용어를 차용해왔다.

프로이트에 따르면 이드는 우리가 도달할 수 없는 어두운 부분이며, 충동으로부터 나오는 에너지로 가득 차 있다. 프로이트가 1차 정신 기구 모델에서 무의식 체계로 간주한 부분이 이드에 귀속된다. 그러나 이제 이드는 단지 억압된 표상만을 지시하는 게 아니라, 통제되지 않은 정념과 의지, 충동이 발원하는 일종의 저장고로서 하나의 역동적인 실체처럼 간주된다. 이드는 사실상 인간 육체의 본질적 차원이자 리비도 자체이며 삶의 뿌리라 할 수 있다. 자아나 초자아 역시 이드로부터 에너지를 얻어 쓰기 때문이다. 이드는 제한 없는 만족과 충동의 발산을 추구하면서 자아, 초자아와 대립한다. 이드의 직접적 기능은 과도한 에너지의 흐름으로 생긴 흥분 상태, 즉 긴장을 외부로 방출해 제거하는 것이다. 그러므로 이드는 전적으로 1차 과정, 즉 가장 짧은 길을 통해 원초적 만족과 연관된 표상들을 직접적으로 재생해 충동을 실현하는 방식으로 작동한다. 만족의 실현을 위해 이드가 현실과 상관없이 환상이나 꿈을 만들어내는 것도 1차 과정이다. 예를 들어 사막에서 물을 찾아 헤매는 사람은 쉽게 오아시스

▌ 게오르크 그로데크

독일의 의사이자 정신신체의학의 창시자. 자연주의 의료 이론에 근거해 물 치료, 식이요법, 마사지 등을 이용해 환자를 치료했다. 특히 환자와의 친밀한 관계를 중시하고 환자를 인격적 존재로 취급할 것을 강조했다. 정신분석학에 적대적이었으나 프로이트와 만난 후 서신을 교환하면서 정신분석의 창시자인 프로이트에게 호의를 보였다. 프로이트 역시 그로데크에게 우호적이었으며, IPA 기관지에 글을 싣도록 권유하기도 했다. 원래 에스(Es)는 니체가 처음 사용한 말이었으나 그로데크가 언어 이전의 어떤 자연적 속성을 지시하는 의미로 이를 적극 사용하면서 프로이트에게도 영향을 주었다.

의 환상을 보는데 이 또한 이드가 대상의 표상을 만들어 욕구를 해소하려는 시도다.

이드의 특징은 속박 없는 자유로운 에너지의 흐름이다. 그러나 1차 과정만으로는 유기체의 욕구를 전적으로 충족시킬 수 없으며 반드시 현실 속에서 만족의 대상을 찾아야 한다. 이로부터 현실과 교섭하면서 충동의 실현을 효율적으로 실현하려는 생존의 필요성이 생기는데 이것을 담당하는 심급이 바로 자아다.

자아

프로이트에 따르면, 자아는 각 개인 속에서 의식, 주의, 판단, 기억 등의 정신 과정을 일관성 있게 조직화하는 기능을 한다. 의식은 바로 이 자아에 귀속된다. 자아는 무제한의 쾌락 원리를 추구하려는 이드가 현실과 접촉하면서 의식을 매개로 현실의 요구를 수용함에 따라 점차 분화된 심급이다. 인간은 아주 어릴 때는 육체적 욕구에 전적으로 지배되지만 점차 외부 세계를 자각하고 그것과 소통하게 되는데 이로부터 자아의 기능이 발생한다. 자아는 육체의 이미지를 투사하고 점차 여기에 동일시함으로써 형성된다. 프로이트는 『자아와 이드』에서 "자아는 무엇보다도 먼저 육체적 자아다. 그것은 표면적 실체일 뿐만 아니라 그 자체로 표면의 투영이다"라고 말한다. 이드는 외부와 내부를 구별하지 못하지만 자아는 외부 현실에서 자신을 분리해 현실과 대립시킨다.

자아는 본래 이드에 뿌리를 두고 있기 때문에 상당 부분은 여전히 무의식에 속한다. 다시 말해 의식적인 자아의 부분과 무의식적 자아의 부분이 함께 존재하는데 이것이 2차 정신기구 모델의 특징이다. 그렇지만 자아의 주된 기능은 유기체를 보존하는 것이기에 이드의 맹목적 욕구를 억제하고 방어하려고 한다. 이드가 열정을 포함하고 충동의 강력함을 대변한다면, 자아는 이성과 상식을 대변한다.

자아는 이드와 달리 현실 원리에 충실하다. 현실 원리란 욕구의 충족을 현실적 제약과 형편에 맞춰 때로 지연시키고 때로 우회시키면서 합리적 방식으로 충족하게 하는 원리다. 현실 원리에 제약받는 이드적 욕구는 이제 지연되거나 억제된다. 그리고 실제적인 만족을 가져다주지 못하는 1차 과정의 환각이나 꿈 등은 이성적 판단과 분별력을 사용하는 2차 과정에 의해 대체된다. 예를 들어 우리는 아주 배가 고플 때도 무조건 눈앞의 음식을 먹는 게 아니라, 그것이 상했는지 혹은 먹을 수 있는 것인지 살펴보고 판단한 후에 먹는다. 병을 앓고 있을 때는 생리적 욕구를 억제하면서 특정한 음식을 금하기도 한다. 그리고 더 이상 환상을 통해 만족을 충족시키지 않고 현실 속에서 대상을 찾으려 하며 경험을 축적하면서 삶의 지혜를 확장한다.

이렇게 보면 현실 원리를 따르는 자아와 쾌락 원리를 따르는 이드는 서로 대립적 입장에 서 있는 듯하다. 하지만 자아의 본질적 기능은 이드를 완전히 억누르고 적대시하는 게 아니다. 궁극적으로는 더 효율적인 방식으로 이드의 충동을 만족시켜주려는 것이 자아가 추구하는 목표이기도 하다. 절대적 금지는 오히려 초자아로부터 온다.

초자아

자아가 이드에서 분화했듯이 초자아는 자아에서 분화해서 생기는데, 그 기원은 오이디푸스 콤플렉스의 쇠퇴와 직접 관계가 있다. 앞서 살펴보았듯이 오이디푸스 콤플렉스는 아이가 어머니에 대한 근친상간적 욕망을 포기할 때 정상적으로 극복된다. 어머니의 절대적 사랑의 대상이 되려는 아이의 욕망은 아버지의 위협 때문에 좌절되고 무의식 속으로 침잠하는데 여기서 금지를 명하는 아버지의 목소리가 초자아의 기원이 된다.

> **초자아의 형성도 남녀가 다르다**
> 오이디푸스 콤플렉스가 남자아이와 여자아이에게 다른 양상으로 진행되는 것처럼 초자아의 형성에도 남녀의 차이가 있다. 남자아이는 거세 콤플렉스에 굴복해 오이디푸스적 소망을 포기하기 때문에 초자아가 엄격하게 내면에 자

아이는 처벌, 즉 거세가 두려워 아버지의 금지에 복종하면서도 한편으로는 아버지를 이상적 대상으로 삼고 그것에 스스로를 동일시한다. 동일시의 대상은 아버지의 이미지가 아니라 아버지가 아이에게 부과하는 초자아다. 아버지는 아이의 보호자이면서, 동시에 아이가 말을 안 들을 때는 처벌하는 사람으로 각인된다. 그러므로 초자아는 이중의 기능을 수행하는데 한편으로는 '이상적 자아'로서의 역할을, 다른 한편으로는 '양심의 근원이자 감시자'로서의 역할을 한다. 초자아는 아이가 아버지의 권위와 법을 내면화하면서 발생하며, 자아와 마찬가지로 인격의 한 축을 이룬다.

인격의 구조에서 볼 때 초자아는 주로 도덕과 사회적 요구를 대변하는 심급이다. 초자아가 부과하는 이상적 자아는 여타의 사회 규범에 의해 강화되면서 아이로 하여금 사회적 존재가 되도록 만들어준다. 아이는 초자아가 설정하는 이상을 닮아가고자 노력하면서 사회 속에서 성적 충동을 통제하고 승화시키는 법을 배운다. 다른 한편으로 초자아는 금지를 양심의 형태로 자리 잡게 함으로써 사회적으로 용인되지 않는 충동의 표출 방식을 스스로 감시하고 비판하게 만든다. 프로이트가 문명 속에 언제나

리 잡는다. 반면에 남근 선망에 지배되는 여자아이는 남자아이에 비해 오이디푸스의 종결 과정이 뚜렷하지 않기 때문에 초자아의 권위도 약하다. 프로이트는 여자가 남자보다 감성적이고 도덕적 엄격성이 떨어지는 것이 이 때문이라고 설명한다.

죄책감과 불안이 도사리고 있다고 본 것은 바로 초자아의 역할 때문이다. 초자아의 핵심적 기능은 부모의 목소리를 내면화해 이드의 욕구를 원천적으로 금지시키는 것이다. 하지만 한편으로 초자아는 이드와 손잡고 자아를 공격하고 비판하면서 자아를 이드에 종속시키기도 한다. 이 경우 초자아는 이드의 내면적인 요구를 교묘하게 대변하면서 그것을 도덕의 이름으로 자아에게 강요하기도 한다. 이런 초자아적 요구가 극단적으로 자아를 초토화시키는 경우가 우울증에 해당한다. 그리고 초자아는 도덕과 양심의 이름으로 이드의 공격성을 외부로 정당하게 표출할 수 있도록 도와주기도 한다. 종교나 정의의 이름으로 자행되는 폭력이나 잔혹

성은 초자아가 이드에 어떻게 봉사하는지 잘 보여주는 예다.

이처럼 이드, 자아, 초자아는 상호 갈등하고 타협하면서 인격의 구조를 공동으로 만들어나간다. 자아는 유일하게 현실의 요구를 인정하면서 합리적인 방식으로 욕구의 해소를 추진하는 심급이다. 이드나 초자아는 내면의 직접적인 욕구를 대변할 때가 많다. 그래서 프로이트는 자아를 두 마리 말을 몰고 가는 마부에 비유하기도 한다. 프로이트의 2차 모델은 전기에 비해 역동성과 위상학적 역할 분담이 훨씬 뚜렷하다.

사회의 기원과 신경증

프로이트는 인간이 오이디푸스 콤플렉스를 극복하고 성인으로 성장하는 것과 인류가 미개한 시대에서 문명으로 넘어가는 과정이 본질적으로 똑같다고 말한다. 아이는 본능적으로 발생하는 어머니에 대한 성애적 사랑을 억압하고 아버지의 금지를 수용하면서 주체가 되고 사회의 일원이 된다. 마찬가지로 문명의 발생은 본능에 대한 통제와 법의 확립을 통해 가능하며, 일단 사회가 형성되면 인간에게는 본능보다 사회적 속성이 더욱 본질이 된다. 프로이트는 오이디푸스 이론을 사회 기원에까지 적용하면서 문화인류학적 영역에도 정신분석학이 유용하게 활용될 수 있음을 보여주려고 했다. 1913년 발표된 『토템과 터부$^{Totem\ und\ Tabu}$』는 프로이트의 이러한 야심 찬 계획에서 비롯되었다. 이 책의 부제인 '미개인과 신경증 환자의 정신 생활에서 상당 부분 일치되는 점에 관하여$^{\text{Über einige Übereinstimmungen im Seelenleben der Wilden und der Neurotiker'}}$에서도 프로이트의 문제의식을 엿볼 수 있다. 프로이트에 의하면 문명은 본능의 억압이며, 억압된 본능은 문명화된 인간에게 여러 가지 불안과 향수를 낳는다. 이것은 마치 신경증 환자가 증상을 통해 억압된 것을 계속해서 드러내면서 고통을 호소하는 것과 같다.

프로이트는 몸의 감각에 집중하는 자가 성애 단계에서 성숙한 대상적 성애로 성 충동이 발달할 때 금지와 처벌을 수용해 오이디푸스적 소망을 억압해야 하듯, 사회의 기원에도 금지의 법을 내면화하는 사건이 있었다고 대담하게 가정한다. 후기의 프로이트는 이러한 가정을 더 확대하고 에로스와 타나토스의 대립 개념을 도입하면서, 문명 일반에 내재한 신경증적 불안 양상과 공격성의 본성을 자세히 분석한다. 그리고 종교와 도덕의 기원을 정신분석학적으로 설명한다. 1927년에 출간된 『환상의 미래$^{\text{Die Zukunft einer Illusion}}$』, 1930년의 『문명 속의 불만$^{\text{Das Unbehagen in der Kultur}}$』, 마지막 저서 『인간 모세와 유일신교$^{\text{Der Mann Moses und die monotheistische Religion}}$』(1939) 등은 정신분석적 관점에서 서술한 사회 이론에 관한 연구서들이다.

『토템과 터부』를 중심으로 사회의 기원이 어떻게 설명되고 있는지 살펴보자. 『토템과 터부』는 문명의 기원이 되는 원초적 아버지의 신화와 그 아버지가 남긴 터부, 즉 금기가 어떻게 사회적인 무의식으로 남아 모두에게 영향을 끼치는지에 관한 이야기다. 이 책은 엄밀한 인류학적 조사나 실증적 자료에 근거를 두고 있지 않기 때문에 많은 비판도 받았지만, 여러 터부와 토테미즘

totemism*에 얽힌 풍속을 분석하면서 근친상간 금지가 어떻게 사회의 기원이 되었는지를 흥미롭게 설명한다. 프로이트는 토테미즘이 터부에 의해 뒷받침되며, 토테미즘의 두 가지 기본 금지는 다음과 같다고 설명한다.

첫째, 토템 동물을 죽여서는 안 된다.
둘째, 같은 토템 종족의 이성과는 성관계를 맺어서는 안 된다.

프로이트는 이 금지가 오이디푸스 콤플렉스와 연관된다고 본다. 토템은 아버지를 상징하며, 토템이 금하는 이성은 바로 어머니를 뜻하기 때문이다. 토테미즘의 두 가지 기본 금지는 초자아의 명령, 즉 '네 어머니와 근친상간적 사랑을 해서는 안 된다. 그리고 아버지를 라이벌로 삼거나 죽이려고 해서는 안 된다'로 해석할 수 있다. 아직 문명화되기 이전의 원시인과 유아기 아이는 둘 다 무제한의 본능적 욕구에 사로잡혀 있고, 아버지, 즉 사회

■ 토테미즘

특정한 동물이나 식물을 숭배하고 그것을 집단의 수호신처럼 삼으면서 이 토템에 동일시하는 문화적 현상을 말한다. 원시인들에게 많이 발견되지만 현재도 오스트레일리아 등지의 부족들에게서 발견되기도 한다. 토템의 조건은 다음과 같다. ① 집단은 그 집단의 토템의 이름으로 불린다. ② 집단과 토템과의 관계는 신화·전설이 뒷받침한다. ③ 토템 동식물을 죽이거나 잡아먹는 일은 금한다. ④ 동일 토템 집단 내에서의 결혼은 금지되어 있다. ⑤ 토템에 대해 집단적 의식을 행한다.

적 금지에 도전하려고 한다는 것에서 공통점이 있다. 이제 금지를 수용하고 법을 내면화해 본능을 인간화할 때만 자연 상태에서 문명으로 넘어갈 수 있다. 그렇다면 사회의 기원에서 법을 강제하는 아버지는 누구인가? 프로이트는 『토템과 터부』에서 토테미즘의 기원에 관한 여러 학설을 검토한 후 원초적 아버지의 신화를 가정한다. 프로이트는 토테미즘을 숭배하는 종족들에게 토템 향연, 즉 정한 날에 토템 짐승을 잡아 같이 먹는 의례가 발견되는 것을 보고 원초적 아버지의 신화를 끌어낸다.

부족의 모든 여자를 혼자 독점하고 자신의 권위에 반항하는 자들은 가차 없이 처벌하는 폭군 아버지가 있었다. 평소 아버지에게 불만이 많았던 아들들은 어느 날 작당하여 아버지를 죽이고 아버지처럼 되고자 아버지를 먹어버린다. 아들들은 아버지가 누렸던 절대적 권위를 갖고 아버지처럼 여자들을 차지하고 싶었던 것이다. 그러나 아버지가 죽고 나자 누구도 아버지의 자리를 대신할 수 없었다. 자신도 언제 살해될지 모른다는 두려움 때문에, 그리고 아버지에 대한 증오 대신 이제 애정의 감정이 고개를 쳐들면서 죄책감과 후회의 감정이 발생한다. 역설적으로 아버지가 죽고 나자 아들들은 아버지가 금지했던 것을 스스로 지키게 된다. 프로이트는 죽은 아버지의 법이 자식들에게 내면화되는 것을 '사후 복종'이라고 불렀다. 이는 아버지가 남긴 명령을 아버지가 죽은 후 지킨다는 의미가 아니라, 예전에 아버지가 타율적으로 강요하던 명령이 주체 내면의 양심으로 자리 잡으면서 스스로에게 절대적 법이 되는 경우를 말한다. 초자아가 자아로부터 분화되는 것도 사후 작용의 하나라고 말할 수 있다. 이제

아버지의 상징물인 토템을 죽여서도 안 되며, 아버지가 금했던 근친상간은 가장 중요하게 지켜야 하는 법이 된다. 토템의 이러한 두 가지 금지는 정확히 오이디푸스 콤플렉스의 두 소원에 일치한다. 토템과 근친상간의 금지는 동일한 토템 부족의 일체감 형성을 가능하게 하고, 타 부족과의 여자 교환을 통해 사회적 교류와 분업을 촉진시킨다. 이제 인간은 동물적인 자연적 군집 생활에서 벗어나 제도와 규칙을 만들고 사회적 삶의 범위를 점점 확대한다.

이처럼 프로이트는 사회의 기원에 오이디푸스 콤플렉스의 심리 기제가 작용한다고 주장한다. 하지만 프로이트의 독창성은 여기서 그치지 않는다. 오이디푸스 콤플렉스의 극복이 신경증적 억압을 가져오듯, 사회적 삶에도 '사후 복종'의 결과물인 죄책감과 불안감이 내재하고 있으며, 인간은 그것을 극복하기 위해 종교와 도덕을 만든다고 프로이트는 말한다. 하지만 종교나 도덕은 문명 속에 내재한 불만을 완전하게 해소할 수 없다.

문명은 특히 성 충동의 발산을 가급적 억제하고 이를 다른 고차적 활동에 투자하도록 유도하고 강요한다. 성 충동이 대상이나 목표를 바꾸어 외형상 전혀 성적인 속성을 갖지 않는 활동에 투자되는 것을 프로이트는 승화$^{Sublimierung; sublimation}$라고 부른다. 레오나르도 다빈치$^{Leonardo\ da\ Vinci,\ 1452~1519}$가 유아기의 성적 환상을 예술적 소재로 삼아 미적으로 표현한 것이 승화의 전형적 예다. 하지만 승화를 통해 성적 욕망을 창조적 활동의 에너지로 발산하는 것은 사람마다 편차가 있다. 그리고 승화는 성적 충동이 발산되는 하나의 양상일 뿐 완전하게 성 본능을 대체할 수 없다.

그렇기 때문에 문명이 발달할수록 인간은 더더욱 억압된 성적 충동 때문에 고통받고 이와 연관된 여러 증상을 보이게 된다. 인간의 본성은 기본적으로 쾌락 원리의 지배를 받기 때문이다. 문명은 교육이나 제도를 통해 본능을 통제하지만 결국 지나치게 억압된 성적 본능은 정신적 장애나 증상을 통해 드러나기 마련이다. 프로이트는 이것을 물을 가두는 댐에 비유한다. 댐은 어느 정도 수위까지는 물을 저장할 수 있지만 물을 방출하지 않으면 흘러들어 오는 물의 양이 계속 증가해 결국엔 약한 틈이 뚫리고 언젠가 터지기 마련이다. 제때 방출하지 않은 물은 댐 자체를 붕괴시킬 수도 있다. 신경증을 댐의 물이 조금씩 틈새로 새면서 버티는 것에 비유한다면, 정신병은 물의 압력이 댐을 완전히 부순 것에 비유할 수 있다. 댐이 무너지지 않게 하려면 물이 적절한 수

박진표 감독의 영화 「죽어도 좋아」(2002)는 우리 사회에서 처음으로 노인의 성 문제를 정면으로 다뤄 화제가 되었다. 흔히 유아나 노인은 성욕이 없거나 감퇴한다고 생각하는데 이는 편견이다. 아주 이른 나이부터 아이들은 나름대로 성적 활동을 하고 있고 쾌락도 느낀다. 노인의 경우도 마찬가지인데, 성 충동은 나이가 든다고 사라지는 게 아니며 생식에 반드시 연관된 것도 아니기 때문이다. 정신분석에서 말하는 성 충동과 쾌락은 일반적으로 생각하는 것보다 훨씬 그 범위가 넓으며 육체와 연관된 모든 것을 지칭한다. 예를 들어 아이가 엄마 품에 안겨 포만감을 느끼는 것이나 성인의 스킨십도 다 성적 쾌락의 범주에 포함된다.

위를 유지하도록 계속해서 일정량의 물을 흘려 내보내야 한다.

이처럼 프로이트의 이론은 문명과 성 충동의 관계를 쾌락 원리와 그것의 억압과 승화를 통해 설명하기 때문에 현대인이 겪는 여러 가지 소외감과 정신 질환의 근본 원인을 이에 근거해 보다 과학적으로 설명할 수 있다. 성 충동을 인간 본성의 본질이 아니라 극히 일부분의 활동으로 간주한다면, 문명 속의 인간이 겪는 고통의 진정한 원인을 알 수 없게 된다.

만남 4

거울 단계와 자아

1920년대 프로이트의 이론적 대전환과 이드, 자아, 초자아의 2차 정신 기구 모델은 이후 그 계승을 둘러싸고 프로이트주의 운동사에서 크게 대립되는 두 가지 흐름을 만든다. 하나의 경향은 이드의 절대성과 정신 기구의 분열 및 상호 작용을 강조하면서 정신의 본질을 순화되지 않는 역동성에서 찾으려는 입장이다. 또 하나의 경향은 자아의 자율성과 방어 기능을 강조하면서 정신분석의 방향을 자아의 실질적인 강화와 현실 적응을 돕는 데 두려는 입장이다.

전자는 프로이트가 후기 충동 이원론에서 강조한 죽음 충동의 중요성에 주목하면서 자아의 불안정성을 인정하는 입장으로, 멜라니 클라인$^{Melanie\ Klein,\ 1882~1960}$의 영국 정신분석학파와 라캉에 의해 대표된다. 후자는 독일에서 미국으로 건너간 하인츠 하르트만$^{Heinz\ Hartmann,\ 1894~1970}$ 같은 2세대 분석가들이 주축이 된 '자아

심리학 ego psychology*과 프로이트주의의 공식적 계승자 안나 프로이트 Anna Freud, 1895~1982*에 의해 대변된다. 언뜻 보면 두 경향의 대립은 단지 강조점을 자아에 두느냐, 이드에 두느냐의 사소한 차이 같지만 정신분석의 성격과 목표를 두고 확연하게 갈라진다.

라캉은 자아심리학이 프로이트가 메타심리학을 통해 강조한

■ 멜라니 클라인

빈 출신으로 영국으로 건너가 영국 프로이트주의 운동의 선두 주자가 되면서 프로이트주의를 새롭게 갱신하고 치료 방법도 혁신했다. 아동심리학의 영역을 개척하면서 안나 프로이트와 대립하기도 했다. 클라인은 오이디푸스 이론에서 아이가 어머니에 애착을 갖는 전오이디푸스 단계를 설정하고, 이를 중심으로 남성성에 대립되는 여성성의 특이성을 개념화했다. 라캉과 마찬가지로 프로이트의 후기 위상학에서 죽음 충동을 중시했다.

■ 하인츠 하르트만

빈 출신이었으나 미국으로 건너가 정신의학자와 정신분석가로 활동하면서 자아심리학의 창시자가 된다. 젊었을 때 이미 브로이어의 치료를 받았으며 프로이트에게도 배웠고 그의 총애를 받았다. 1937년부터 프로이트의 두 번째 위상학 모델을 연구하면서 점차 자아심리학에 경도되었고, 나중에 라캉과 대립하기도 한다. 1953~1959년 IPA 의장을 역임했다.

■ 자아심리학

에고심리학이라고도 부른다. 프로이트의 2차 정신 기구 모델에서 자아의 역할을 중시하고 임상에서도 현실 적응력과 자율성을 키워주는 치료를 강조하는 정신분석의 한 이론이다. 하르트만이 대표자이며, 이 외에도 루돌프 뢰벤슈타인(Rudolph Loewenstein, 1898~1976), 에른스트 크리스(Ernst Kris, 1900~1957), 에리크 에릭슨(Erik Erikson, 1902~1994) 등이 있다. 프로이트의 딸인 안나 프로이트도 자아심리학자들과 친했으며, 이드와 현실의 압력에 대항해 자아의 방어 기능이 강화되어야 한다고 주장함으로써 자아심리학에 우호적이었다. 반면 라캉은 나중에 자아심리학을 프로이트주의를 왜곡하는 정신분석학의 암적 존재라 비판했다.

무의식의 과학이라는 본래의 방향을 왜곡하면서 그것을 심리주의로 환원했다고 격렬하게 비판한다.

라캉의 사상은 실로 자아심리학과 교조적인 프로이트 해석에 대한 투쟁을 거치면서 만들어졌다고 해도 과언이 아니다. 라캉은 1950년대부터 '프로이트로의 복귀'를 전면적인 구호로 내걸면서 자신이야말로 프로이트의 충실한 계승자라고 말한다. 라캉은 자아란 이미지에 대한 상상적 동일시를 통해 만들어지는 허구적 산물이기 때문에, 정신분석학은 자아의 강화가 아니라 무의식 주체를 대상으로 삼아야 한다고 강조한다.

라캉의 사상은 크게 세 가지 개념을 축으로 해서 전개된다.

안나 프로이트

프로이트의 여섯 번째 딸로 프로이트의 제자, 간호원, 친구 역할을 하면서, 프로이트가 죽을 때까지 충실하게 그와 동행했다. 프로이트와 300통 정도의 서신을 주고받았으며, 그의 사후에는 프로이트의 저작 출간을 책임지면서 프로이트주의의 공식 계승자가 된다. 특히 아동 정신분석의 전문가 역할을 했는데 또 다른 아동 분석의 선구자 클라인과 대립했다. 클라인이 아동을 직접적 대상으로 삼는 새로운 분석 치료 방법을 시도하는 동안, 안나는 프로이트가 꼬마 한스(Kleiner Hans; Herbert Graf, 1903~1973)를 치료할 때 쓴 방법에 충실했다. 즉 아이는 너무 민감하고 연약하기 때문에 반드시 부모나 후원자의 보호 아래 분석이 진행되어야 한다는 소신이었다. 클라인은 전오이디푸스의 중요성을 강조하면서 어머니와 딸의 특별한 애착에 관심을 기울인 반면, 안나는 아이가 아버지와 맺는 관계를 중시했다. 프로이트의 후기 위상학 모델에서 자아를 중시하면서 치료에서 분석가의 교육자적 역할과 방어를 강조했다. 1939년 『자아와 방어의 메커니즘(Das Ich und die Abwehrmechanismus)』을 출간하면서 IPA 회원들에게 큰 영향을 주었다.

1930~1940년대에는 상상계$^{\text{imaginaire; imaginary}}$, 1950~1960년대 초까지는 상징계$^{\text{symbolique; symbolic}}$, 1960년대 중반 이후에는 실재계$^{\text{réel;}}$ ^{real}가 라캉 사유의 중심축을 형성한다. 하지만 이 구분은 단지 이론적 강조점에 차이가 있는 것이고, 실제로는 세 범주가 유기적으로 작용하면서 인간의 정신적, 물질적 삶의 영역을 역동적으로 만든다. 철학을 경계했던 프로이트와 달리, 라캉은 철학과 언

> "정신분석은 말하는 주체에 관한 과학이다. 주체는 자아가 아니다." _라캉

어학을 적극 차용해 정신분석을 새롭게 개조하면서 정신분석을 인문과학의 핵심에 위치시키고자 했다. 라캉이 보기에 정신분석이야말로 진리를 새로운 시각과 지평에서 사유하고 인간 욕망의 본성을 무의식 주체의 지위와 연관 지어 설명하기 때문이다. 라캉이 최초로 관심을 기울인 상상계는 유명한 거울 단계$^{\text{stade du}}$ $^{\text{miroir; mirror stage}}$를 중심으로 이론화된다.

거울 단계와 상상계

상상계라는 말은 그 자체로 오해를 불러일으키기 쉽다. 우리는 흔히 현실에 존재하지 않는 것을 머릿속에 그릴 때 보통 '~을 상상한다'고 말한다. 아니면 '상상력이 풍부하다'라는 말처럼 과거의 지각이나 경험을 근거로 존재하지 않는 어떤 대상이나 현상

을 재생하거나 전혀 새로운 것을 창조하는 것도 상상에 포함시킨다. 어쨌든 상상이란 지금 이곳에 있는 현실보다는 가상 혹은 허망한 것을 지칭할 때 주로 사용된다. 하지만 라캉이 말하는 상상계는 이와 차원이 다르다. 라캉은 우리가 사는 현실 세계를 상상계의 산물이라 설명하는데, 이는 상상계라는 말이 가상보다는 이미지에 매개되는 대상 세계를 가리키기 때문이다. 라캉은 상상계의 본질을 심리학자 앙리 왈롱^{Henri Wallon, 1879~1962}이 사용한 '거울 단계' 개념을 통해 설명한다.

  심리학자들은 거울 단계가 이미지를 매개로 해서 아동이 정체성을 형성하고 대상과의 관계를 자아를 중심으로 구성하면서 성숙해나가는 심리적 발달 과정이라고 설명한다. 거울 단계는 대략 생후 6~18개월 정도에 아동이 경험하는 사건이다. 처음에 아이는 거울에 비친 자신의 이미지를 외부 대상과 구별하지 못한다. 모든 것이 카오스처럼 하나로 뒤엉켜 있는 것이다. 그러다 어느 순간 아이는 자신의 이미지를 알아보게 되고 자신의 이미지에 매료되어 그것을 붙잡으려 하고 떠날 줄을 모른다. 반대로 침팬지는 아이보다 더 빨리 거울 속 이미지가 자신의 것임을 알

■ 앙리 왈롱

프랑스의 심리학자로 아동의 인격 발달 과정을 '거울 단계'를 중심으로 설명했다. 왈롱은 아이가 거울에 비친 자신의 이미지에 열광하고 그 이미지를 대상에서 분리해 안정적인 자아를 구성하면서 자아가 투영되는 상상적 공간에 대한 이해에 도달하는 것이 거울 단계의 본질이라고 말한다.

••• 아이들은 거울에 비친 자신의 이미지를 알아보는 순간 그것에 매료되어 거울 앞에서 떠날 줄 모르는 반면 침팬지는 거울 속 이미지가 자신이라는 것을 알아차리고도 쉽게 실증을 낸다.

아차리지만 쉽게 싫증을 내고 다른 놀이에 열중한다. 일견 단순해 보이는 거울 이미지에 대한 어린아이의 집착은 이후 모든 심리 과정과 인식의 원형처럼 작용하는 중요성이 있다. 거울 단계란 한마디로 자신의 신체 이미지를 자아로 알아보고, 그것을 중심으로 대상화된 세계를 구성하는 경험이다. 동물이 이미지의 지배와 영향을 직접 받는 반면, 인간은 이미지를 매개로 환경 세계를 자신에 맞게 재구성한다. 이 재구성 단계에서 주체가 애착을 갖는 대상들이 중요한 역할을 한다. 그러므로 거울 단계는 인격 발달에서 매우 중요한 시기다.

라캉은 거울 단계를, 주체성의 구조를 이미지에 종속시키고 이를 토대로 상상계가 본격적으로 작용하는 첫 번째 단계로 본다. 여기서 단계$^{stage;\ phase}$라는 말을 주의해야 한다. 그것은 주체가 거치는 과정의 하나라는 의미가 아니라 '원초적인 구조'에 가까운 말이다. 거울 단계의 효과는 한 번에 끝나는 것이 아니며 인간의 지식 일반과 현실에 대한 관계에 지속적으로 작용한다. 라캉은 거울 단계를 통해 자아심리학에서 말하는 자아의 역할과 자율성이 얼마나 허구적인지, 정신분석을 얼마나 잘못된 방향으로 이끌 수 있는지 보여주려고 한다. 거울 단계의 본질을 몇 가지 주제를 통해 좀 더 자세히 살펴보자.

라캉과 마리엔바트 국제회의

라캉이 IPA 모임에 처음 참가한 것은 1936년 체코의 마리안스케라즈네(Mariánské Lázně)에서 열린 국제회의 때였다. 당시 마리안스케라즈네는 각국의 정상들이 즐겨 찾는 온천 도시로 이름이 높았고 독일어 이름인 마리엔바트(Marienbad)로 더 알려져 있었다. 이때 '거울 단계'에 대한 논문을 발표한 라캉은 정신분석학자들에게 자신을 알릴 기대에 부풀었으나, 발표 시간이 초과되자 당시 의장인 어니스트 존스가 발표를 중단시킨다. 존스는 단지 의장의 역할에 충실했을 뿐이지만, 분노한 라캉은 발표문을 제출하지도 않고 회의장을 떠났다. 나중에 라캉은 자신이 정신분석가로 학계에 처음 공헌한 것이 바로 거울 단계 개념의 고안과 소개라고 말한 바 있다. 라캉은 1949년 다시 스위스 취리히에서 거울 단계에 대한 논문을 발표하는데 물론 논문을 새로 써야 했다. 마리엔바트 회의의 일화는 자존심 강한 라캉의 성격을 잘 보여준다.

자아는 타자다

우리는 '자아'라는 정체성에 별다른 의문을 던지지 않는다. 아마 남들 앞에 나서서 자기소개를 하라는 요구를 받으면 머릿속에 재빨리 자아에 대한 심상들을 떠올릴 것이다. 그러면서 나라는 존재는 자명한 것이고, 타인은 타인이라고 생각한다. 그러나 과연 나와 타자의 구별이 그렇게 분명한가? 오히려 자아 역시 나에게 낯선 타자이자 자꾸 변하는 대상이 아닐까? 거울 단계는 이러한 의문에 대한 라캉의 답이다. 라캉은 자아가 외부로 투영된 신체 이미지에 대한 나르시시즘적 동일시를 통해 구성되는 것이라 말한다.

거울 단계의 경험이 보여주는 것은 인식의 기준이 되는 자명한 자의식이나 선험적이고 절대적인 자아는 없다는 것이다. 자아는 어느 순간 나의 이미지를 다른 대상 이미지로부터 분리하고, 그것에 고착됨으로써 가능해진다. 거울 단계에서 아이들이 자신의 이미지에 열광하는 것은 그것이 외부 세계에서 처음으로 가시화된 자신의 신체를 보여주면서 존재감을 느끼게 해주기 때문이다. 외부로 가시화된 이미지는 내 것이기도 하지만 실은 주

심리학의 자아 개념

심리학에서는 보통 개인이 자기 자신에 대해 알고 있는 모든 정보들의 조직화된 집합체를 자아라고 한다. 학자마다 차이가 있지만 심리학자들은 자아의 개념에 타인과의 관계, 시각적 자기 관찰, 자아 존중감과 신념 등이 포함되어 있다고 본다.

체의 나르시시즘이 투사되는 타자적 대상이다. 거울에 비친 내 모습은 단지 신체가 가시적 공간에 반영된 것으로 나와 마주해 나의 시선을 머물게 하는 그림자다. 그런데 신체 이미지는 나의 내면을 보여주는 게 아니라 한갓 대상일 뿐이기에 주체에 대해 언제나 타자로만 머물며 이상화되기 쉽다. 이처럼 최초 주체의 구성 순간이 타자적인 거울상에 의해 매개되는 것은 주체의 욕망을 소외된 구조로 만든다. 라캉은 다음과 같이 말한다.

> 주체가 스스로를 발견하고 제일 먼저 느끼는 곳은 타자 속에서다. …… 헤겔Georg Hegel, 1770~1831의 사유가 말해주는 것은 인간의 욕망 자체가 매개된 욕망, 즉 자신의 욕망에 대해 알게 하려는 욕망으로 구성된다는 것이다. _라캉, 「정신적인 인과성에 관한 설명」, 『에크리Écrits』(1966)

여기서 타자는 실제 타자를 의미할 수도 있고, 거울에 비친 내 모습일 수도 있다. 더 나아가 주체가 자신을 확인할 수 있는 모든 대상은 주체의 타자다. 예컨대 어린아이는 장난감을 던지거나 훼손하면서 그러한 놀이를 통해 자신의 존재감을 느낀다. 인간은 타자를 통해 자신의 존재를 인정받을 때만 주체로서 존재

"자기 개념은 자기에 관한 조직화된 신념의 집합체다." _헤이즐 마커스(Hazel R. Markus)

"자아 개념에는 문화적 차이가 있다. 개인주의 문화에서 살고 있는 사람들은 독립적 자아를 가지고 있다. 반면에 집단주의 문화에 살고 있는 사람들은 상호 의존적 자아를 가지고 있다." _시노부 기타야마(Shinobu Kitayama)

할 수 있는 것이다. 그러므로 구조적으로 인간의 욕망은 나의 것이 아니라 타인의 욕망과 그것이 겨냥하는 대상을 향하게 된다. 욕망은 순수하게 나의 내면적 의지를 표현하는 것 같지만, 타자에게 인정받으려 하고 타자가 욕망하는 것을 욕망한다는 점에서 소외의 표현이기도 하다. 나중에 라캉은 인간의 욕망은 대타자의 욕망이고, 무의식은 대타자의 담론이라고 정식화한다. 인간이 타자에 대해 의존적이 되는 것은 최초로 주체를 구성할 때 타자화된 이미지라는 매개를 통해 구성된다는 것과 관련이 깊다. 자아는 대상화된 나의 신체 이미지를 매개로 구성되기에 본질적으로 타자이고 안정적이지 못하다. 자아 구성의 이러한 역설을

■ 거울단계와 거울신경세포

거울단계 이론의 핵심은 상상적 이미지를 자아의 실체처럼 착각하면서 그것을 중심으로 주체의 정체성을 형성하는 것이다. 그런데 거울에 비친 영상을 아이가 자기 것이라 지각할 수 있는 것은 그 옆에 나란히 서 있는 어머니의 존재 때문이다. 어머니의 말이나 표정이 아이의 확신을 가능하게 만들면서 상상적 일체감을 가능하게 하는 것이다. 최근 과학자들의 연구에 의하면 어린 아이는 본격적으로 언어를 배우기도 전부터 어머니와 신체적 신호를 상호 주고받으면서 의사소통을 할 수 있다고 한다. 아이는 어머니의 얼굴 표정이나 소리를 들으며 어머니의 감정을 느낄 수 있는데 이것을 가능하게 만드는 것이 거울신경세포(mirror neurons)이다. 거울신경세포는 영장류와 인간만이 가진 고유한 특징으로, 인간은 거울신경세포 덕분에 타인의 행동을 따라할 뿐 아니라 감정까지도 이해할 수 있다. 거울신경세포는 왜 우리가 타인을 모방하고 상호 영향을 끼치며, 쉽게 감정적으로 동화될 수 있는지를 과학적으로 설명한다. 일례로 어떤 사람이 아주 혐오스러운 행동을 하면 그것을 보기만 해도 자신이 직접 경험한 것처럼 불쾌한 감정을 느끼는 것은 거울신경세포 때문에 가능하다. 라캉은 거울단계가 인간의 욕망을 '타자에 대해서', '타자의 위치에서' 그리고 '타자를 통해' 욕망하도록 구조화시킨다고 말했는데 거울뉴런의 기능을 그것과 연관시켜 볼 수 있다.

라캉은 오인$^{\text{méconnaissance; misunderstanding}}$의 구조라고 말한다. 내가 나 자신을 알아보는 것은 언제나 오인으로 귀결될 수밖에 없다. 자아가 타자라는 말은 이런 소외된 상황을 표현하는 말이다.

다음으로, 거울 단계는 소외에서 발생하는 공격성을 유발한다. 공격성이 발생하는 것은 이미지와 현실의 분열 때문이고, 이상화된 자아가 육체적인 불안과 미숙을 완전하게 덮어주지 못하기 때문이다. 거울 단계의 나르시시즘적 동일시는 안정된 자아를 보장해주는 것이 아니라 사실은 최초 분열의 순간이다. 거울 이미지는 실제 육체의 현실이 아니라 이상화된 나의 모습만을 상상적 공간에 투영하기 때문이다. 실제로 생후 6개월~1년 된 아이는 운동 신경의 발달이 미숙해 아직 자신의 몸을 완전하게 통제하지 못하며 몸이 주는 감각들도 파편화된 형태로 느낀다. 그러나 거울에 비친 모습은 이상화된 전체로 나타나기 때문에 아이는 자신의 몸이 보여주는 완벽한 조화에 환호하면서 끌리게 된다. 그러나 아이가 이미지에 끌리면 끌릴수록 아이가 느끼는 실제 몸의 현실은 완벽한 자아의 상에 균열을 낳는다. 이렇듯 실제 몸의 불완전성과 이미지의 완벽함이 최초의 분열과 불안을 낳으면서 자아의 일체감을 위협하는 게 거울 단계의 현실이기도 하다. 이때 파편화된 몸과 통일된 이미지의 대립을 위태롭게 봉합하는 것이 바로 나르시시즘이다. 나르시시즘은 언젠가 실현될 완벽한 자아를 환상적으로 기대하게 만드는데, 이러한 환상적 예견은 이후 모든 대상 관계에 깊게 그림자를 드리운다. 거울 단계가 상상계를 구성하는 것은 이러한 환상과 관계가 깊다. 인간이 욕망의 대상에 도달하지 못하면서 언제나 완벽한 욕망의 충

족을 꿈꾸는 것도 거울 단계의 경험에서 비롯된다.

하지만 나르시시즘은 자아의 분열을 완전하게 봉합하지 못한다. '조각난 몸'의 느낌은 환상적 형태로 주체를 위협하며, 그러므로 주체는 이상화된 자아에 대해 끌리면서도 무의식적 공격성을 드러낸다.

라캉은 프로이트가 죽음 충동의 파괴적 성향과 성애에 깔린 양가성(사랑과 미움)의 분석을 통해 강조한 공격성을 거울 단계와 연관 지어 설득력 있게 설명한다. 주체는 한편으로 자신의 이미지에 대한 자기애를 갖지만 동시에 불안감을 느끼면서 그것을 파괴하고자 한다. 이미지는 나이면서 동시에 이질적인 타자이기 때문이다. 마치 나르키소스Narkissos가 샘에 비친 자신의 이미지를 잡으려다 죽은 것처럼, 자아에 대한 나르시시즘적 애착에는 이

•••
라캉은 조각난 몸의 환상이 꿈이나 환상을 통해 나타난다고 말하면서 그것을 잘 보여준 예로 네덜란드의 화가 히에로니무스 보쉬(Hieronymus Bosch, 1450~1516)의 그림을 든다. 보쉬는 〈최후의 심판(Het Laatste Oordeel)〉 같은 그림들로 기괴한 괴물들의 모습과 인간 내면의 추함을 환상적으로 잘 표현해 초현실주의의 선구자로도 불린다. 라캉에 따르면 보쉬의 그림은 조각난 몸의 환상에 대한 무의식적 강박을 생생하게 묘사하고 있다.

러한 자살적 성향이 깔려 있다. 이러한 관계는 모든 외부적인 대상 관계에 적용된다. 타자에 대한 인간의 관계는 사실상 긴장과 갈등의 관계가 될 수밖에 없다. 이러한 공격성에 대한 방어로 '네 이웃을 네 몸과 같이 사랑하라'라는 도덕률이 강조된다. 도덕 규칙과 박애의 강조는 사실은 견딜 수 없는 타자의 존재에 대한 공격성과 불안에 대한 일종의 도피이자 방어다. 주체는 언제나 타자에 대해 이중적인 감정을 갖는데 이러한 불안감과 상상적 안정감이 기묘하게 결합되어 있는 것이 상상계의 본질이다. 이렇게 본다면 인간이 체질적으로 공격성을 많이 보이는 것은 거울 단계에서 느끼는 조각난 몸의 환상 때문이라고 말할 수 있다. 이러한 분열은 인간이 언어를 배우고 상징계에 들어가면서 더욱 심화된다.

의식과 지식의 망상적 성격

라캉이 거울 단계를 통해 자아를 나르시시즘적 동일시의 산물이라고 비판하는 것은 궁극적으로 자아에 기반을 둔 의식의 본질을 밝힘으로써 철학자들이 말하는 의식 주체의 허구성을 폭로하기 위해서다. 그리고 다른 한편으로는 자아가 주인이 된 대상들의 세계를 만들고 그 세계에 대한 표상, 즉 재현된 대상에 대한 지식을 통해 구성된 인간의 현실은 그 본성이 상상계에 속함을 밝히기 위해서다.

근대 철학은 의식을 존재 혹은 주체와 동일시한 르네 데카르트René Descartes, 1596~1650의 철학에 그 기원이 있다. 데카르트는『방법서설Le Discours de la méthode』(1637)에서 "나는 생각한다. 고로 나는 존재한다Je pense donc je suis"라는 유명한 말을 했다. 이는 '지금 사유하고 있는 내가 있다면, 내가 이미 존재한다는 사실은 의심할 수 없는 명증적 지식'이라는 뜻으로, 데카르트 철학의 출발점이 되는 제1원리다. 데카르트는 이 말을 "코기토 에르고 숨Cogito, ergo sum"이라는 라틴어로 표현했고, 이로부터 데카르트 철학에서 말하는 '주체' 개념을 가리켜 '코기토'라고 짧게 언급하게 되었다. 데카르트의 코기토는 일찍이 마르틴 하이데거Martin Heidegger, 1889~1976*가 비판한 것처럼 외부 대상을 자신 앞에 세워놓고 닦달하는 권력화된 주체이자, 세계를 가시화된 대상으로 의식에 재현하는 표상의 주체다. 하이데거는 데카르트의 코기토가 존재의 확실성에 도달하지 못하고 사유, 즉 표상하는 작용을 통해서만 스스로를 정립하는 '에고 코기토ego cogito'라고 비판한 바 있다. 실제로 데카르트도『성찰Meditationes de Prima Philosophia』(1641)에서 코기토를 설명하면서 "나는 내가 생각하는 동안만 존재한다"라고 고백하기도 한다.

데카르트의 코기토에 대한 라캉의 비판도 하이데거의 문제의식과 비슷하다. 사유가 이루어지기 위해서는 먼저 주체가 '나는 지금 생각하고 있다'라고 스스로를 표상해 자신의 앞에 세워야 한다. 그다음으로 표상된 주체, 즉 자아는 대상과 관계를 가지면서 지식을 형성한다. 그런 연유로 라캉은 데카르트의 사유 주체, 즉 코기토를 '눈'에 비유하기도 했다. 자아의 눈을 통해 대상을 관조하는 것이 의식의 본질이다. 의식은 일종의 거울과 같은 것이다. 라캉은 이처럼 자아와 의식의 본질을 거울 단계와 연관 지어 새롭게 규명해 의식의 선험성과 절대성을 주장하는 철학을 전복한다. 라캉은 자신의 의도를 다음처럼 말한다.

> 거울의 경험에 대해 말하자면, 그것은 코기토에서 직접 기원하는 모든 철학에 우리가 반대하게 만든다.
>
> 「정신분석 경험에서 나타나는 '나'라는 기능의 형성자로서 거울 단계」, 『에크리Écrits』(1966)

■ 하이데거와 라캉

하이데거는 독일의 실존주의 철학자로 알려져 있으나, 그가 탐구했던 중심 주제는 서구 형이상학에서 외면되고 혼동된 '존재'의 문제였으며, 존재(Sein)와 존재자(Seiendes)를 구별하는 존재론의 재구성이 그의 관심사였다. 주저인 『존재와 시간(Sein und Zeit)』(1927)에서는 존재의 물음을 이해하고 질문을 던지는 인간 현존재(Dasein)의 실존적 삶의 조건과 시간성의 문제를 탐구했다. 그리고 후기에는 존재와 언어의 문제, 존재의 개시와 은폐를 중심으로 존재의 문제를 탐구했다. 라캉 역시 하이데거 철학에 적잖은 관심을 가졌는데 라캉이 세미나(Le Séminaire) 제1권 『프로이트의 분석 기술에 관한 글들(Les écrits techniques de Freud)』에서 자주 언급하는 '존재'의 문제는 하이데거의 영향이라고 할 수 있다. 라깡과 하이데거는 몇 차례 직접 만나기도 했다. 라캉은 자신이 분석했던 레지스탕스 출신의 철학자 보프레와 프라이부르크를 직접 방문하여 하이데거와 대화를 나누었다. 이 방문 후 라캉은 하이데거의 동의를 얻어 그의 「로고스」를 번역하여 발표하였다. 이후로도 두 차례의 만남이 더 있었고 나중에 라캉은 자신의 저서 『에크리 Écrits』를 하이데거에게 보내기도 했다. 하지만 하이데거는 라캉을 전혀 이해하지 못했으며, 심지어 라캉이 정신과 치료를 필요로 한다고 말하기도 했다. 라캉은 후에 자신의 주체이론을 심화시키면서 하이데거의 존재론과 결별하고 데카르트적 주체 개념을 더 강조한다.

라캉이 보기에 데카르트에 의해 형이상학의 제1명제로 선언된 "나는 생각한다. 고로 나는 존재한다"라는 말은 자명한 명제가 아니라 일종의 비약이다. 그것은 이차적으로 구성되는 자아의 기만성을 부정하고 사유 행위로부터 직접 사유하는 주체의 존재로 건너뛰고 있기 때문이다. 거울 단계에서 본 것처럼 자아는 타자성을 매개로 구성되기에 존재의 확실성을 보장할 수 없다. 라캉은 나중에 자아가 아니라 무의식의 주체를 통해 존재의 문제를 새로운 시각으로 다룬다.

결국 데카르트의 오류는 사유(의심) 자체에서 출발했지만 어느 순간 그 행위의 담지자로서 코기토, 즉 사유하는 자아의 존재를 당연한 토대처럼 전제한 데 있다. 라캉이 보기에 사유 행위는 의식에 포함될 수 없는 무의식적 경험에 속한다. 데카르트도 그것을 의심과 동일시함으로써 출발점에서는 옳았다. 그러나 진리의 확실성을 추구하던 데카르트는 진리를 더 이상 의심이나 부정이 아니라 표상하는 자기의식에서 찾으면서 방법적 회의를 성급하게 끝맺는다. 이후 데카르트의 주체, 즉 의식의 주체는 이마누엘 칸트[Immanuel Kant, 1724~1804], 셸링, 헤겔 등 독일 관념론 철학에 의해 더욱 강화된다. 하지만 데카르트는 코기토에 의해 위태롭게 봉합된 의식과 사유 행위, 혹은 영혼과 몸의 관계라는 풀기 어려운 과제를 서양 철학에 유산으로 남긴 셈이었다.

이상에서 보듯 라캉은 철학에서 말하는 의식을 자아에 귀속시킨다. 그런데 의식의 정의에는 표상하는 작용은 물론, 주체가 자기 자신이나 세계에 대해 갖는 인식도 포함된다. 그런데 인식 역시 오인의 산물인 자아로부터 시작되고 자아에 귀속되기 때문에 필연적으로 망상적 성격을 띨 수밖에 없다는 게 라캉의 진단이다. 망상은 소외의 표현이자 방어이기도 하다. 다음 장에서 자세히 보겠지만 사유하는 행동(지각, 의심, 회의)은 무의식 주체에 의해 이루어지는데, 자아가 주체를 대신해 주인 행세를 하기 때문에 인간 지식은 언제나 비틀어지고 왜곡될 수밖에 없다. 라캉은 의식의 이러한 분열상을 다음과 같이 말한다.

> 인간에게 의식은 본질적으로는 주체로부터 소외된 자아와 그로부터 근본적으로 벗어난 지각, 즉 순수한 지각과의 사이에 일어나는 양극적인 긴장이다.
> 세미나 제2권 『프로이트의 이론과 정신분석 기술 속에서의 자아Le Moi dans la théorie de Freud et dans la téchnique de la psychanalyse』

의식의 대상인 지식은 결국 거울 단계에서 비롯되는 자아와 주체의 분열 때문에 세계에 대한 진리를 보장해주지 못한다. 라캉은 인간 지식을 '망상적 지식connaissance paranoïaque'이라고 부르는데, 이 말은 주체의 절대성을 출발점으로 삼는 근대 이후의 철학을 겨냥한 것이다. 망상적 지식은 잘못 추론된 지식이 아니라 현실에 대해 우리가 갖고 있는 합리적 생각 일반을 지칭한다. 더 구체적으로는 우주의 모든 법칙을 수학 공식과 역학적 모델을 중심으로 설명할 수 있다는 근대 자연과학과 철학의 세계관 일반을 말한다. 과학과 철학은 엄밀한 개념과 이성에 의해 발견된 법칙을 중심으로 상징 질서에 맞게 세계를 설명하지만 우리가 사는 세계는 이성을 통해 다 설명되지 않는다. 예를 들어 아이작 뉴턴Isaac Newton, 1642~1727은 사과가 떨어지는 것에서 영감을 얻어 발

견한 만유인력 공식을 통해 천체 운행의 복잡한 현상을 과학적으로 단순화시켜 설명한다. 하지만 만유인력 법칙이 실제 우리 삶에서 사과가 떨어지는 모든 의미를 다 설명해주지는 않는다. 또 된장이나 치즈 같은 음식을 보자. 우리는 몇 가지 발효 공식이나 화학 법칙으로 이 음식들을 설명할 수 있을지는 모르지만, 음식을 먹을 때 우리가 느끼는 모든 것이 그러한 공식으로 환원되는 것은 아니다. 된장과 똑같은 원리의 발효 음식인 치즈를 즐겨 먹는 외국인이라도 된장은 아주 고약한 냄새가 난다 하여 혐오할 수 있다. 반면에 우리는 된장 냄새를 맡고 문득 어린 시절의 향수를 떠올리면서 어머니를 생각할 수도 있다. 이처럼 상징화에서 벗어나는 삶의 영역에 대한 문제는 나중에 라캉에 의해 실재réel; real라는 개념으로 구체화된다. 실재는 상징화에서 벗어나고 그것에 대립하면서 늘 그 자리에 있는 어떤 것이다. 자연과학과 철학은 불가피하게 실재를 추상화하고 배제할 때만 가능해지는데, 그럼에도 절대성과 보편성을 주장하기 때문에 라캉이 자연과학과 철학을 망상적이라고 비판하는 것이다.

  자연과학이나 철학의 지식이 망상적인 것은 위에서 설명했듯 표상하는 자아와 의식의 자명성을 지식의 전제로 삼기 때문이다. 그리고 자아의 본성은 위에서 말한 것처럼 타자화된 이미지에 대한 동일시이기 때문에 결국 주체를 소외시킬 수밖에 없다. 거울 단계가 소외의 구조로 귀결되고 지식이 망상적 성격을 갖는 것은 진정한 주체를 사라지게 하기 때문이다. 나중에 라캉은 지식과 진리를 엄격하게 서로 대립시키는데, 전자가 실증과학과 철학에 의해 대표된다면 후자는 정신분석에 의해 탐구된다. 정신분석의 진리는 무의식 주체가 드러나는 것과 연관되며, 논리적인 지식과 대립될 때가 많다. 예를 들어 말실수나 거짓말은 논리적인 차원에서 보면 오류로 분류되지만 그것이 은연중에 무의식 주체의 욕망을 드러내는 경우에 정신분석은 진리로 분류한다. 진리와 무의식적 주체의 본성은 라캉의 또 다른 개념인 상징계를 중심으로 설명된다.

만남 5

상징계와 무의식 주체

프로이트는 무의식을 억압된 표상과 동일시했지만 라캉은 무의식의 언어적 본성을 강조한다. '언어'는 주체를 초월해 있는 독립적 질서이며, 언어가 주체에게 미치는 효과가 바로 무의식이다. 프로이트가 개인의 삶의 경험과 특수성을 강조하면서 무의식의 개인적 차원을 더 강조한다면, 라캉은 언어를 매개로 한 상호 주체적 구조가 발생시키는 무의식의 초개인적 성격에 초점을 맞추었다.

라캉은 1950년대 이후 상징계 개념을 심화시키면서 상상계에 속하는 자아와 상징계에 속하는 주체를 보다 철저하게 구별한다. 주체는 어린아이가 상징계로 진입하는 오이디푸스 과정을 통해 구성되는데, 라캉이 말하는 주체는 다름 아닌 '말하는 주체'다. 라캉은 프로이트의 이론적 성과들을 계승하면서도 언어학과 철학을 차용해 정신분석학을 새롭게 개조한다. 이 작업에서 핵심 역할을 하는 것이 바로 상징계다. 라캉이 구조주의자로 분류되는 것도 상징계의 우월성을 강조하기 때문이지만, 끝까지 주체 개념을 포기하지 않는다는 점에서 라캉은 여타 구조주의자들과 차별성을 보인다.

시니피앙 논리와 상징계

이제 상징계를 중심으로 무의식 주체의 탄생과 욕망의 본성에 대해 살펴보자.

모든 시니피앙은 그 자체로는 아무것도 의미하지 않는 하나의 시니

■ **구조주의와 라캉**

구조주의(structuralism)는 사물의 의미와 인간 행동이, 구조를 이루는 요소들 간의 관계와 체계에 의해 발생한다는 것을 지지하는 입장으로, 소쉬르의 언어학적 방법론에 많은 영향을 받았다. 구조주의는 특정 학문 분야에 국한된 것이 아니며, 철학, 언어학, 사회학, 기호학, 인류학 등에 폭넓은 영향을 미쳤다. 흔히 자크 라캉(Jacques Lacan, 1901~1981), 클로드 레비-스트로스(Claude Lévi-Strauss, 1908~), 루이 알튀세르(Louis Althusser, 1918~1990), 미셸 푸코(Michel Foucault, 1926~1984)를 구조주의의 대표적인 네 사람으로 간주하지만 이들 모두는 자신이 구조주의자로 분류되는 것에 극도의 거부감을 보인다. 구조주의는 주체를 초월하는 제3의 상징적 질서의 자율성을 더 강조하고, 주체의 능동성보다는 역할을 배분하고 배치하는 요소들의 관계에 초점을 맞춘다. 라캉은 주체를 '언어의 효과'라고 정의해 구조주의 입장을 지지하면서도, 주체의 역할을 완전히 포기하지는 않는다.

피앙일 뿐이다.　　　　　　　　　세미나 제3권 『정신병 Les psychoses』

상징계는 언어에 의해 구성되지만 언어의 의미화 작용은 상상계에 속한다. 주체의 생성 조건이자 무대인 상징계는 보통 언어와 동일시되지만 엄격하게 상상계와 상징계를 구분할 때는 시니피앙 논리에 의거해서 상징계의 본성을 설명해야 한다. 상징계의 역할을 엄밀하게 규정하기 위해 라캉은 페르디낭 드 소쉬르 Ferdinand de Saussure, 1857~1913*의 기호론과 체계로서의 언어 개념을 수용하고 수정하면서 자신만의 시니피앙 논리를 창조한다. 시니피앙 논리는 무의식이 주체의 의지를 벗어나는 언어적 법칙으로 작동하는 초개인적 구조라는 것을 보여주기 위한 라캉의 이론적 장치다.

■ **소쉬르와 라캉**

스위스의 언어학자 소쉬르는 언어 연구에서 통시(通時)적 연구 방법, 즉 시간의 발달을 중심으로 어원이나 발달을 추적하는 관점에서 벗어나 공시적 연구 방법, 즉 언어의 체계에 대한 구조적 분석을 시도함으로써 구조주의에 많은 영향을 끼쳤다. 특히 사회 구성원들이 공유하는 언어 체계를 가리키는 랑그(langue)와 개인적 차원의 발화를 지칭하는 파롤(parole)을 구분하고, 시니피앙과 시니피에의 결합물인 기호들이 변별적 관계를 맺음으로써 의미가 발생한다고 설명했다. 소쉬르의 강의 노트를 제자들이 출판한 것이 『일반언어학 강의(Cours de linguistique générale)』(1916)인데, 이 책은 라캉을 비롯한 현대 사상가들에게 많은 영향을 끼쳤다. 소쉬르는 언어의 최소 단위를 기호로 보았지만, 라캉은 시니피앙으로 규정하면서 소쉬르의 이론을 수정했다.

라캉이 말하는 상징계 개념을 이해하기 위해 먼저 소쉬르의 기호론을 간단하게 살펴보자. 언어 구조에 대한 공시共時적 접근 방법을 강조하는 소쉬르는 언어를 하나의 체계système로 보는데, 체계를 형성하는 단위가 기호signe다. 기호는 다음 그림처럼 기표記表(시니피앙signifiant)와 기의記意(시니피에signifié)가 결합된 것이다.

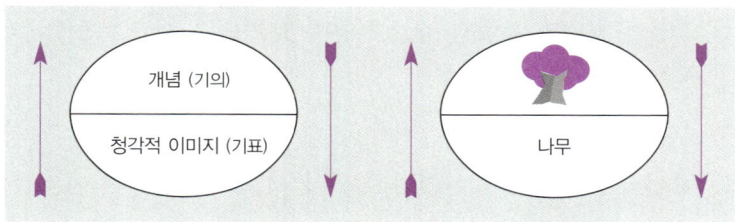

소쉬르의 기호 모델

소쉬르는 기표를 청각적 이미지, 기의를 개념이라고 각각 정의한다. 청각적 이미지란 말의 물질적인 차원을 말하는 것으로, 우리가 '나무'라는 소리를 들을 때 그것이 우리 정신에 남기는 심상과 흔적을 말한다. 개념은 우리 머리에 떠오르는 '나무'에 대한 생각을 말한다. 소쉬르가 기호를 언어의 최소 단위로 보는 것은 언어가 사물과 그것을 지칭하는 어휘들의 목록이고 그 발달 과정을 연구하는 게 언어학의 과제라는 전통적인 생각을 비판하기 위해서다. 어휘들의 목록이 언어라면 이미 개념들이 선행적으로 존재한다는 것이고, 개념에 상응하는 사물들이 언제나 존재해야 한다. 그렇다면 '사랑', '미움' 같은 단어들은 어떤가? 우리는 그것에 일치하는 대상들을 쉽게 제시하지 못할 것이다. 우리가 추상 명제를 이해할 수 있는 것은 기호와 기호들의 대립적 관계가 의미를 발생시키기 때문에 가능한 것이지 우리가 기호에 상응하는 대상을 미리 알기 때문이 아니다.

 소쉬르에 의하면 언어는 청각적 이미지(기표)와 개념(기의)의 결합물인 기호로 이루어진다. 기호 모델에서 기표와 기의의 결합은 자의적이지만 일단 결합되어 기호를 이루면 둘은 분리되지 않고 하나의 단위로 움직인다. 앞의 기호 그림에서 원과 화살표는 기표와 기의의 결합과 상호 작용을 보여준다. 소쉬르는 이를 종이의 앞·뒷면에 묘사했다. 종이의 앞면과 뒷면을 나눌 수 없듯이 기표나 기의는 홀로 존재할 수 없다는 것이다. 그런데 기호는 고립적으로 존재하는 것이 아니라 서로서로 변별적 체계를 이루면서 존재한다. 이러한 상호 의존성의 관계, 즉 구조가 기호의 의미를 발생시킨다. 예를 들어 '내[川]'라는 말의 의미는 이와 변별적 관계를 이루는 다른 기호들이 다음과 같이 나란히 놓일 때만 파악이 가능하다.

 시내 : 산골짜기나 평지에서 흐르는 자그마한 내
 내 : 시내보다 크고 강보다 작은 물줄기
 강 : 넓고 길게 흐르는 내

 기호는 언제나 다른 기호들과 상관물로서 관계를 맺으며, 이러한 관계 속에서 기호들의 가치, 즉 의미화가 발생한다. 마치 돈 1만 원의 가치는 그것이 다른 대상들과 맺는 관계 속에서 평가되는 것과 마찬가지다.

예 1만 원 = 커피 두 잔 = 돼지고기 1킬로그램 = 책 한 권

이처럼 언어는 기호들의 항이 맺는 관계들의 체계이며, 이 체계에서 한 항의 가치는 다른 항들과 공존을 통해서만 보장된다. 소쉬르의 언어학 연구는 언어의 작용에서 의미의 고정성보다는 기호들의 구조와 체계에 우선성을 부여한 것이 특징이다.

라캉은 언어의 의미가 기호들의 상호 의존적 관계에서 발생한다는 소쉬르의 기본적 입장을 계승한다. 하지만 라캉은 소쉬르의 기호 모델에서 원과 화살표를 제거한 후 기호를 다음과 같이 대폭 수정한다.

$$\frac{S\,(\text{시니피앙})}{s\,(\text{시니피에})}$$

여기서 주목할 것은 시니피앙(기표)과 시니피에(기의)의 위치가 바뀌었을 뿐 아니라, 둘의 안정적 결합을 상징하던 가로줄이 이제 정반대로 분리선의 역할을 한다는 것이다. 기표와 기의를 나누는 분리선은 의미화 작용을 방해한다. 라캉은 자신이 새롭게 수정한 이 식을 시니피앙 논리의 연산식, 혹은 무의식의 연산식이라 부른다. 라캉이 만든 연산식의 의미는 시니피앙이 시니피에에 대해 더 우월하며, 시니피앙은 원인으로서 효과인 시니피에를 생산한다는 뜻이다. 시니피앙은 이제 자율적이고 독자적으로 움직이며, 시니피에는 분리선에 가로막히면서 시니피앙 밑으로 계속해서 미끄러져간다. 그러면서 시니피앙들은 서로서로

결합해 시니피앙 연쇄 사슬을 구성하는데, 이러한 시니피앙 연쇄chaîne signifiante; signifying chain가 언어의 체계를 이룬다. 언어의 체계는 시니피앙의 관계로, 그 자체로는 비의미적인 성격을 갖는다.

그렇다면 의미는 어떻게 발생하는가? 언어가 소통될 때 의미가 발생하지 않는다면 언어는 본래의 역할을 할 수 없을 것이다. 의미가 만들어지기 위해서는 연산식의 분리선을 넘어 시니피앙과 시니피에가 결합해야 한다. 여기서 라캉은 시니피앙과 시니피에를 임시적으로 묶어주는 일종의 고정점을 상정하는데, 바로 그 지점이 의미의 전달자인 주체sujet; subject가 발생하는 곳이다. 그러나 고정점은 절대적인 지점이 아니며 주체 역시 절대적 실체가 아니다. 고정점point de capiton; quilting point은 원래 쿠션의 속을 고정시키는 쿠션 단추를 가리키는 말이다. 쿠션 단추가 쿠션의 형태를 안정적으로 고정시켜 주듯 고정점은 기의가 기표 밑으로 계속 미끄러져가는 것을 붙들어 준다. 미끄러짐이 계속된다는 것은 특정한 의미작용이 불가능하다는 말인데 이 경우 의사소통이 불가능하기 때문이다. 예를 들어 로빈슨 크루소처럼 오지의 토착민에게 말을 가르치는 상황을 연상해 보자. 처음에 토착민이 그의 말을 전혀 알아듣지 못하는 것은 기의가 기표 밑으로 계속 미끄러지는 상황이다. 그러나 어느 순간 그가 '나', '너', '프라이데이(이름)' 같은 특정 기호를 고정점으로 붙잡는다면 그것을 중심으로 다음의 의미화가 순차적으로 가능해진다. 그러나 고정점은 절대적인 지점이 아닌데 하나의 기표가 언제나 하나의 기의와만 결합하는 것은 아니기 때문이다. 예를 들어 '여자'는 사전적으로 생물학적인 여성을 의미하지만 병리적 기질이 있는 사람에게 여자는 악이나 향락의 의미로 다가올 수 있다. 라캉에 의하면 변하지 않는 절대적 의미, 안정적인 의미화는 애초부터 불가능하다.

소쉬르가 기호 모델을 통해 기표와 기의의 분리 불가능성을 말하면서 의미의 안정성을 강조했다면, 라캉은 기표와 기의의 단절과 의미의 다의성을 강조한다. 라캉이 정신분석 임상에서 해석의 절대성을 경계하는 것은 의미 자체가 임시적인 것이기 때문이다. 이것은 의미의 확실성을 강조하는 철학과는 반대되는 태도로, 라캉은 의미보다는 비의미가 언어의 본성에서 더 중요하다고 본다. 나중에 라캉이 무의식이 상징계의 산물이라고 말하는 것은 시니피앙의 논리를 염두에 두는 것이지 무의식을 의미와 동일시하는 말이 아니다.

한편 의미화 과정에는 불가피하게 상상적 작용이 개입한다. 애초에 변별적 체계 속에서 상호 관계를 형성하는 것이 기호가 아니라 순수 시니피앙들이기 때문이다. 시니피앙의 결합과 상호 치환이 그때그때 의미화를 발생시키지만 그것에 결부된 시니피에, 즉 의미는 계속해서 미끄러지게 된다. 그러므로 의미를 이해하고 전달하는 행위에는 언제나 상상계적 작용이 개입할 수밖에 없다. 이처럼 언어는 한편으로는 상징계의 구성 요소인 순수 시니피앙의 결합에 의해 구성되면서도, 다른 한편으로는 상상계적 작용에 의해 오염된다. 순수 시니피앙도 주체를 완전하게 대신할 수는 없다. 상징계 역시 상상계와 마찬가지로 주체를 소외시킨다. 언어에는 의미 전달과 소외라는 이런 두 가지 차원이 공존한다. 임상에서 라캉이 상상계에 속하는 '텅 빈 말^{parole vide; empty speech}'과 상징계에 속하는 '꽉 찬 말^{parole pleine; full speech}'을 구분하는

것도 이 때문이다. 텅 빈 말은 자아가 주인 행세를 하면서 주체를 완전히 소외시키는 말이고, 반대로 꽉 찬 말은 주체의 자리와 주체의 욕망을 드러내는 말이다.

비록 언어가 상상계의 영향을 받지만, 상징계의 본질은 시니피앙 논리에 의해 구성되는 것이기에 상상계적인 대상 관계와는 구별된다. 상징계는 주체를 구성하고, 주체 상호 간의 관계를 규정하는 구조이자 법이다. 상징계는 선험적 질서로서 주체를 벗어나는 타자의 영역을 말하는데, 라캉은 이를 상상계의 소타자 autre; other와 구별하여 대타자 Autre; Other라고 부른다. 이에 대해서는 앞으로 좀 더 자세하게 살펴보기로 하자. 주체는 상상계적 2자 관계에서 벗어나 대타자의 장인 상징계로 진입하면서 구성되는데 이것이 라캉이 말하는 오이디푸스 콤플렉스의 새로운 본질이다.

오이디푸스 과정과 주체의 탄생

라캉의 독창성은 오이디푸스 콤플렉스를 시니피앙에 의한 상징화의 과정, 즉 주체 탄생의 드라마로 재해석한 데 있다. 또한 프로이트와 달리 라캉은 아이가 욕망하는 대상이 성차에 상관없이 언제나 어머니이며, 아버지는 그것을 방해하면서 욕망에 법의 질

> 상상적 남근이라는 말은 아이가 실제로
> 남근이 될 수 없는 존재이기 때문에 붙여진 말이다.
> 오이디푸스 콤플렉스에서 강조되는 남근은 실제 남자의 성기를 말하는 게 아니

서를 부여하는 상징계의 대리자라는 것을 강조한다.

　오이디푸스 콤플렉스는 대략 세 단계를 거친다. 최초 단계는 아이가 어머니와 강한 유대감을 통해 한 덩어리처럼 결합되어 있는 상상계적 합일의 단계다. 이 시기 아이는 어머니가 자신만을 사랑한다고 믿으며, 자신은 어머니의 결여를 채워주는 절대적 존재라고 믿는다. 어머니는 무언가 결여된 존재이기 때문에 아이를 욕망하며, 아이가 어머니를 욕망하는 것도 마찬가지다. 그러므로 둘의 관계는 결여를 채워준다고 가정된 상상적 남근에 의해 매개되며, 아이는 자기가 어머니의 남근이라고 믿는다. 남근은 여기서 어머니의 욕망이 겨냥하는 상징물이다. 그런데 남근이 된다는 것은 어머니의 욕망에 종속된다는 말과 다름없다. 오이디푸스의 첫 번째 순간에 아이는 능동적인 욕망의 주체가 아니라 어머니의 욕망에 전적으로 사로잡혀 있다. 이러한 상상적 의존성은 아이를 불안하게 만들기도 하는데 전적으로 자신이 어머니의 욕망에 휘둘리면서 스스로의 존재감을 상실하기 때문이다. 더구나 자신이 남근이 아니라는 또 다른 불안감이 아이를 사로잡는다. 이러한 불안감은 아이의 강력한 경쟁자인 아버지의 출현과 더불어 가속화된다. 아이가 이러한 불안감에서 빠져나오는 것은 어머니와의 상상적 합일에서 벗어나는 것을 통해서만 가능하며, 이것이 오이디푸스의 두 번째 단계다.

라, 인간이 욕망하는 대상이자 결여를 채워주는 대상의 상징물이다. 남근이 이런 중요한 역할을 하는 것은 인간의 욕망이 성적인 것에 근원을 두고 있으며 최초의 존재론적 불안감과 상실이 남근기 거세 위협에서 시작되기 때문이다.

오이디푸스의 두 번째 시기는 아이와 어머니의 상상적 2자 관계를 제삼자인 아버지가 개입해 깨뜨리면서, 어머니의 욕망은 아이가 아니라 아버지를 향하고 있음을 분명히 하는 시기다. 아버지는 아이가 어머니와 상상적으로 합일하는 것을 금지하고 어머니가 아이를 남근으로 취하지 못하도록 하면서 둘의 욕망에 법을 부여하는 상징계의 대리인으로 등장한다. 아이는 스스로를 어머니의 남근이라고 생각했지만, 실제 어머니가 욕망하는 대상은 자신이 아니라 아버지임을 깨닫는다. 다시 말해 상상적 남근이 되려는 욕망이 좌절되면서 아버지가 남근의 소유자로 인정되는 시기가 바로 이 두 번째 순간이다. 아버지가 아이와 어머니에 대해 절대적인 것은 바로 남근을 가진 존재이기 때문이다. 여기서 아버지는 실제 아버지를 말하는 게 아니라 상상적으로 가정된 아버지다. 상상적 아버지의 위상과 아버지가 선포하는 법의

> ■ **오이디푸스의 두 번째 시기에 등장하는 아버지는 실제 아버지가 아니라 상상적 아버지다**
> 상상적 아버지의 기능을 가정한다면 아버지의 법이 왜 아버지가 없는 고아에게도 적용되는지 이해할 수 있다. 그래서 문화인류학자들은 오이디푸스를 사

엄격함은 어머니의 말에 의해 아이에게 각인된다. 예를 들어 어머니가 아이에게 '네가 이렇게 고집부리고 계속 울면 아버지한테 혼이 날 거야!' 하는 식으로 말하면서 지칭하는 아버지가 바로 상상적 아버지다. 상상적 아버지는 단지 아버지의 존재를 표현하는 말이다. 오이디푸스 시기 아버지의 본질적 기능은 법의

집행자이며, 아버지는 어머니가 욕망하는 남근의 소유자로 가정되는 존재다. 이제 아이는 아버지의 법을 수용하면서 상상적 남근에 대한 집착을 포기하고 상징계로 진입해야 한다. 이것은 오이디푸스의 마지막 단계에서 완성된다. 이처럼 오이디푸스의 두 번째 시기는 아이가 최초의 상상계적 욕망에서 좌절하면서 상징계로 진입하기 위해 거쳐야 하는 과도기다.

오이디푸스의 마지막 순간은 아이가 남근을 소유한 아버지와 자신을 동일시하면서 오이디푸스 콤플렉스를 끝내는 단계다. 아이는 아버지의 남근이 상상계가 아니라 상징계에 속한다는 것을 알게 되면서, 상징계에서 남근을 찾기 위해 아버지의 법을 받아들여 상징계로 진입하면서 자신을 주체로 구성한다. 라캉은 이것을 '남근이 되려는 욕망$^{\text{to be phallus}}$'에서 '남근을 가지려는 욕망$^{\text{to have phallus}}$'으로 이행하는 변증법이라 말한다. 남근이 되는 것은

> 회적 금지와 관습을 수용하면서 아이가 사회화되는 과정으로 해석한다. 전통 사회에서 법의 권위는 공동체의 어른이나 사제 혹은 왕이 담당했는데, 이 경우 이들은 아버지를 대표하는 사람들이다.

상상적 동일시이고, 사실상 예속적인 유아적 욕망이다. 반대로 남근을 가지기 위해서는 그것이 기표화되는 상징계의 구조에 주체가 자리를 잡아야 하는데 이것이 주체화의 순간이다. 주체화는 아이가 자신의 이름과 위치를 찾는 것과 마찬가지다. 상징계에서 남근을 가질 수 있는 유일한 길은 아버지의 법에 자신의 위

치를 동일시하는 것이다. 이것을 상상적 동일시와 구별해 2차 동일시라고 부른다.

2차 동일시에서는 주체가 동일시하는 대상이 이미지가 아니라 아버지의 기표, 즉 '아버지의 이름$^{\text{Noms-du-Père; Name of the Father}}$'이다. 하지만 2차 동일시 역시 소외를 낳는다. 시니피앙은 근본적으로 타자에 속하는 것으로 주체에 대해 이질적이며 주체의 존재를 완전히 대리하지 못하기 때문이다. 그러나 주체는 시니피앙에 의거하지 않고는 스스로의 위치를 찾을 수 없다. 시니피앙은 이렇듯 한편으로는 주체를 구성해주지만, 다른 한편으로는 소외시킨다. 그렇기 때문에 오이디푸스는 욕망의 출발점이 된다.

무의식은 대타자의 담론이다

라캉이 즐겨 말하는 "무의식은 대타자의 담론이다"라는 말은 프로이트주의를 혁신한 라캉의 사상을 한마디로 요약한다. 이 말은 또 다른 경구인 "인간의 욕망은 대타자의 욕망이다"라는 말과 동전의 앞·뒷면처럼 짝을 이룬다. 그렇다면 대타자란 무엇이고, 라캉은 이를 왜 그렇게 중시하는가?

라캉이 임상적 실천에서는 물론, 이론적 작업에서도 소타자와

> "언어는 나의 의견을 다른 어떤 것으로 변환하기 위해 즉각 나의 의견을 뒤집는 신적 본성을 가진다."
> _헤겔, 『정신현상학(Phänomenologie des Geises)』

대타자의 구별을 힘주어 강조하므로 이 둘을 명확히 할 필요가 있다. 보통 소타자는 나와 마주하고 나의 파트너가 되는 타인의 존재를 지칭한다. 하지만 더 근본적으로는 자아가 동일시하는 타자화된 이미지가 소타자의 본뜻이다. 이것은 자아가 스스로를 투영하고 동일시하는 거울에 반사된 이미지로, 라캉은 이를 '유사자$^{semblable;\,counterpart}$'로 부르기도 한다. 그러므로 소타자는 상상계에 속한다. 만약 우리가 타인에게서 나 자신의 모습을 발견한다면, 그것 역시 소타자로 분류할 수 있다. 가령 라이벌 관계가 이것의 전형적인 예가 될 수 있다. 우리는 자신을 닮았으면서 자신과 같은 조건에서 경쟁하는 사람에게 라이벌 의식을 느낀다. 나를 훌쩍 초월하거나 전혀 다른 공간에 존재하는 사람은 절대로 내 라이벌이 될 수 없다.

반면에 대타자는 주체가 부정하거나 전취할 수 없는 타자의 근본적인 차원을 일컫는다. 라캉은 상징계에 대타자를 위치시키는데, 이는 상징계가 주체를 초월해 있는 선험적인 영역이기 때문이다. 라캉에 의하면 대타자는 언어가 기원하는 선험적 공간이자, 주체가 자신을 표현해줄 기표를 찾는 장소다. 대타자는 한마디로 상징계의 초월성과 법을 대표하는 심급에 붙여진 이름이다. 그러나 대타자가 장소로 정의된 것에서 알 수 있듯이 대타자의 장소는 잠시 동안 점유될 수 있다. 오이디푸스 시기 어머니의

> "프로이트의 저작 『꿈의 해석』, 『농담과 무의식의 관계』, 『일상생활의 정신병리학$^{Zur\,Psychopathologie\,des\,Alltagslebens}$』(1901)은 무의식이 언어적으로 구조화되어 있다는 것을 잘 보여준다."
> _라캉

말을 통해 상징계의 법을 대표하고 남근을 소유한 사람처럼 소개되는 아버지는 대타자의 전형적 예다. 그리고 아이가 최초로 말을 배우면서 원초적인 욕구를 기호화하는 것을 배울 때 아이에게 응대하는 어머니도 대타자의 역할을 수행한다. 대타자는 주체의 요구에 답을 주고 욕망을 충족시켜주면서 남근의 비밀에 대해 알고 있다고 가정되는 존재다.

그러면 라캉은 왜 무의식이 대타자의 담론이라고 했을까? 라캉은 무의식을 철저하게 언어적 구조라고 설명한다. 무의식은 언어의 이중성과 관계가 깊다. 앞서 말했듯이 주체는 시니피앙의 논리를 통해 구성되는데, 그것은 자율적 법칙에 의해 움직이며 고정된 의미화를 부정한다. 그런 까닭에 언어는 한편으로는 주체의 욕망을 표현하면서도 한편으로는 그것을 왜곡하기 쉽다. 언어는 합리적이고 객관적인 의사소통의 도구 같지만 사실은 우리를 많이 속이기도 한다. 우리는 언어가 우리의 생각과 원하는 바를 자명하고도 충분히 표현해주지 못함을 경험한 적이 많을 것이다.

라캉은 무의식을 주체가 알지 못하는 지식이라고 말했다. 이는 주체가 욕망의 의미를 고정된 의미가 배제된 시니피앙의 질서에서 찾을 수밖에 없는 역설적인 상황을 지칭한다. 그러므로 주체는 자신이 원하는 게 무엇인지 알 수 없게 된다. 라캉은 이 상황을 다음과 같이 표현한다.

> 무의식이란 주체가 스스로를 나타내지도 않고, 주체가 말을 하지도 않고, 그리고 그가 말하는 것을 알지도 못한 채 말해지고 있는 어떤 것이다.
> 《실리세Scilicet》 1

주체는 언제나 말을 하고 있지만 그것이 자신의 욕망과 관계될 때 자신이 무슨 말을 하고 있는지 알지 못한다. 주체의 욕망은 대타자의 인정을 통해서만 의미가 부여되기에, 욕망의 진실은 주체에게 그 자체로 자명하게 전달되지 않는다. 그러므로 욕

••• 라캉이 말실수나 거짓말이 더 진리에 가깝다고 보는 것은 그것이 언표된 주체 밑으로 사라지는 무의식 주체를 드러내기 때문이다.

망은 내가 진정으로 원하는 바를 왜곡시키거나 소외시키기 쉽다. 주체는 한편으로는 대타자의 욕망을 나의 욕망인 것처럼 받아들이면서도, 다른 한편으로는 그것의 진정한 의미를 계속해서 캐묻게 된다. 라캉은 이러한 언어의 모호성을 주체 분열의 논리를 통해 설명한다. 다시 말해 주체는 시니피앙에 의해 상징계에 드러나는 담론의 주체와, 말의 의미 속으로 사라지는 무의식의 주체로 분열되기에 의미의 분열이 생긴다는 것이다.

주체가 알지 못하는 지식인 무의식이 발생하는 것은 담론에서 배제되는 무의식 주체의 사라짐^{fading}에서 비롯된다. 라캉은 주체 분열의 논리를 언어학에서 빌려 오는데, 무의식 주체는 언술 행위를 하는 주체를 말하며 담론의 주체는 그 담화에 의해 표현되는 주체, 즉 언표된 주체를 지칭한다. 예를 들어 '나는 지금 거짓말을 한다'라는 말을 보자. 이 문장에서 주어인 '나'는 거짓말을 하는 주체로 언표되고 있다. 그러나 이 말을 우리가 믿기 위해서는 언술 행위의 주체가 진실(고백)을 말한다는 것을 전제해야 한다. 이 문장은 전형적으로 두 주체의 분열된 모습을 잘 보여주며, 이러한 예들은 농담이나 말실수 등에서도 찾아볼 수 있다. 라캉이 말실수나 거짓말이 더 진리에 가깝다고 보는 것은 그것이 언표된 주체 밑으로 사라지는 무의식 주체를 드러내기 때문이다. 라캉은 초기 프로이트가 무의식의 작용을 언어적 작용에 연관시켜 설명한 것에 주목하면서 프로이트가 무의식이 언어적으로 구조화되어 있다는 것을 이미 통찰한 것이라고 역설한다.

언표된 주체는 자아와 마찬가지로 무의식의 주체를 소외시키며 배척한다. 하지만 무의식의 주체는 담론의 공간에서 사라지면서도, 또 다른 의미화의 연쇄를 끌고 들어오면서 자신을 표현하려고 노력한다. 이렇듯 무의식은 현존과 부재가 복합적으로 작용하는 것이다.

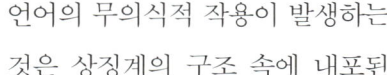

무의식의 주체는 욕망의 주체다

언어의 무의식적 작용이 발생하는 것은 상징계의 구조 속에 내포된 결여와 관계가 깊다. 라캉은 무의식 주체를 욕망의 주체와 거의 같은 것으로 이해한다. 그런데 욕망이 발생하는 것은 대상에 대한 궁핍 때문이 아니라 근본적으로는 상징계가 가져오는 채울 수 없는 결여 때문이다.

무의식은 주체가 상상적인 남근이 되기를 포기하고, 아버지로 대표되는 상징계의 기표를 수용해 상징계의 주체로 구성되면서 발생한다. 주체는 말하는 주체로 구성되는데, 앞에서 살펴보았듯이 말하는 주체는 분열된 주체이기도 하다. 의식의 주체가 상징계의 질서 속에 편입되는 주체라면 무의식 주체는 상징계에서 배제되는 것을 통해 자신의 존재를 표현한다. 마치 프로이트가 꿈을 의식이 잠들었을 때 자신도 모르게 진행되는 '또 다른 장면'이라고 부르면서 무의식을 설명한 것처럼, 라캉은 상징계의 단절적 효과에서 무의식을 찾는다. 무의식 주체의 기원은 오이디푸스 시기의 최초 억압, 즉 상징적 거세로 거슬러 올라간다.

무의식에서 억압되는 것은 다름 아닌 기표다. 기표의 억압은 최초로 주체가 집착했던 어머니의 욕망을 아버지의 이름이 대체

한 것과 관련이 있다. 주체가 상징계로 들어가기 위해서는 오이디푸스 과정을 통해 아이가 막연히 상상하는 어머니의 욕망을 아버지의 이름이라는 기표로 대체해야 한다. 일단 아버지의 이름이 주체에게 수용되면, 그것을 출발점으로 해서 시니피앙 연쇄가 이어지고, 이러한 과정을 통해 주체의 삶에 상징계가 자리 잡는다. 시니피앙 연쇄는 요구의 형태로 계속되는데 물론 요구의 대상은 남근이다. 남근은 주체의 욕망이 지속되게 만드는 원인이자 욕망의 대표적 기표다.

하지만 아버지의 이름에 의해 채워진 최초 욕망의 자리는 절대로 기표에 의해 채워질 수 없으며 영원히 결여로 남게 된다. 그것은 상징계 이전의 질서에 속하는 영역이기 때문이다. 라캉은 결여가 실제 대상의 상실이 아니라 언어가 발생시키는 사후적 효과에서 비롯된다고 설명한다. 언어 이전에는 결여도 차이도 존재하지 않지만, 일단 언어가 작용하면 언어는 주체의 삶에 상실의 효과를 불러일으킨다. 언어는 대상을 상징화해 소통될 수 있는 의미를 부여하면서 의미의 세계를 건설하는데, 이는 실재 세계에 대한 배제 위에서만 가능하다. 우리가 일단 언어를 배우면 우리는 더 이상 대상에 대해 직접적인 관계를 맺지 않고, 언어와 표상을 통해서 대상과 만나게 된다. 상징계는 그러므로 언제나 결여의 그림자를 주체의 삶에 구멍처럼 남기며, 이 자리가 바로 무의식 주체의 자리이기도 하다. 이제 주체는 결여의 대상을 찾기 위해 대타자의 욕망에 대해 계속해서 물음을 던지게 된다. 다시 말해 주체는 대타자가 주체가 잃어버린 대상에 대한 응답을 주기를 원하는 것이다. 하지만 결여는 어떤 대상을 통해서도 채워지지 않기 때문에 주체의 요구는 계속해서 빗나갈 수밖에 없다. 결여의 자리는 바로 상징계에서 배제된 근원적인 존재의 자리이기 때문이다. 단지 주체는 그 자리를 대상을 통해 채울 수 있다고 착각하면서 더더욱 상징계에 의존하는 것이다. 이처럼 요구는 결여를 낳고 다시 결여가 요구를 되풀이하게 만드는 상징계의 작용이 바로 욕망이며, 욕망이 무엇인지 알지 못하기 때문에 그 욕망은 무의식의 욕망으로 남는 것이다. "인간의 욕망이 대타자의 욕망이다"라는 말은 그러므로 욕망과 대상의 영원한 어긋남을 표현하는 말이기도 하며, 그런 까닭에 욕망하는 주체는 무의식의 주체일 수밖에 없다. 욕망의 주체는 채울 수 없는 존재 결여에 시달리면서 시시포스^{Sisyphos}의 헛된 노력을 계속할 수밖에 없는 비극적 존재이기도 하다. 존재 결여의 문제는 상징계에서 배제되면서 계속해서 상징화를 요구하는 영역에 대한 고민으로 발전하는데, 그것이 후기 라캉의 사유 주제가 되는 '실재'다.

시시포스

그리스 신화에서 가장 영리하고 교활했던 인물로, 제우스(Zeus)를 비롯한 많은 신들을 속이고 골탕을 먹였다. 죽은 뒤 지옥에 떨어져 바위를 산꼭대기에 올려놓는 벌을 받았는데, 바위를 밀어 올려 정상에 거의 도달하면 바위가 다시 굴러 떨어졌기에 시시포스는 영원히 바위를 굴려야 했다.

만남 6

실재계와 죽음 충동

　라캉은 상징계가 주체를 탄생시키고 자아를 통해 자기중심적 대상 관계를 가능하게 함으로써 인간의 고유한 현실 세계가 만들어진다고 말한다. 동물이 자연환경에 전적으로 지배받는다면, 인간은 언어와 이미지에 매개되는 대상으로 이루어진 더 고차적인 문화적 환경의 영향을 받는다. 그런데 상징계는 결여를 낳기에 인간은 언제나 욕망하는 존재일 수밖에 없다. 결여가 있다는 것은 그것에서 배제되는 영역이 존재한다는 것이다. 라캉은 상징계의 구조적 우월성을 인정하면서도, 상징계가 결코 동화시키지 못하는 범주인 실재에 대한 문제의식을 심화시킴으로써 인간의 정신적, 물질적 삶의 메커니즘을 총체적으로 해명하려고 노력한다.

　1966년 라캉의 주저 『에크리』에는 상징계에서 점차 실재계로 기울어지는 라캉의 사유 전환을 보여주는 고민들이 많이 보인다. 라캉의 반대자들은 프로이트가 메타심리학을 토대로 규명한 무의식의 역동성을 라캉이 언어학으로 환원시키면서 단순화했다고 비판하지만, 이것은 라캉의 이론을 시니피앙 논리 위주로만 해석한 결과다. 라캉이 메타심리학의 역학적, 생물학적 모델을 거부한 것은 사실이지만 상징계가 모든 것의 시작과 끝이라고 주장하지는 않았기 때문이다. 1960년대 이후 라캉은 상징계에 저항하면서 주체의 삶을 뒤흔드는 원초적인 불안의 대상인 실재에 점차 중요성을 부여하기 시작한다. 주체가 존재 결여^{manque à être; lack of being} 때문에 욕망하는 존재가 된다고 할 때, 여기서 존재^{être; being}가 바로 실재에 속한다.

실재는 왜 욕망이 대타자의 욕망에 머물지 못하고 계속해서 그 너머로 가려고 하는지, 그리고 상징계로 진입한 주체가 왜 항상 결여와 불안을 안고 사는지에 대한 라캉의 답이다. 후기 프로

■ 존재

존재는 철학적 사유의 출발점이다. 그리스 시대부터 철학자들은 존재가 무엇인지 사고했다. 존재는 우리와 가장 친숙하면서도 가장 설명하기 어려운 개념이다. 특정한 대상을 가리키는 게 아니기 때문이다. 우리가 이미 존재하면서, 그리고 '~이 존재한다'는 말을 늘 사용하면서 존재가 무엇이고 그것을 존재자로부터 구별하는 게 무엇인지를 정의해야 하기에 어려움이 배가된다. 존재에 대한 이런 물음을 던지는 분야가 바로 존재론인데, 라캉은 존재와 존재자의 구별을 강조하는 하이데거의 영향을 많이 받았다. 하지만 라캉은 존재를 철학적 의미에서 이해하기보다는 "말의 경험에서 구멍처럼 생기는 것"이라고 정의하면서 상징계와 연관시켜 무(無) 혹은 결여되는 것으로 정의한다. 존재는 언어를 통해 드러나는 동시에, 언어에 의해 은닉되고 왜곡되는 것이다.

만남 149

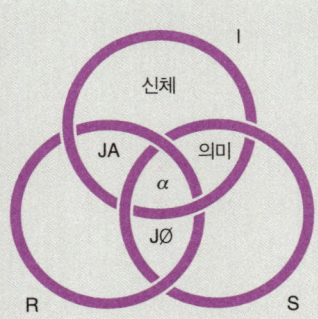

원래 보로메오 매듭은 이탈리아의 귀족인 보로메오(Borromeo) 가문의 문장이었다. 라캉은 실재계(R), 상상계(I), 상징계(S)가 언제나 함께 작용함을 보여주기 위해 보로메오 매듭을 비유로 사용한다. 이 매듭은 하나가 풀리면 나머지도 같이 풀리기 때문에 세 고리를 완전히 절단하기 전에는 절대로 따로 분리할 수 없는 것이 특징이다. 가운데 α는 '오브제 a', JA는 대타자의 주이상스, JØ는 남근적 주이상스를 의미한다.

이트가 죽음 충동과 삶의 충동의 대립을 중심으로 충동의 문제를 새롭게 사고했듯이, 후기 라캉도 점차 욕망을 죽음 충동과 연관시키는데 이 모든 것은 실재의 무게 때문이다. 그러나 라캉은 실재계가 언제나 상징계, 상상계와 함께 작용한다고 설명한다. 이를 잘 보여주는 것이 위 그림의 보로메오 매듭^{noeud borroméen; Borromean knot}이다.

실재는 언제나 언어와 이미지에 대한 관계를 통해서만 자신을 드러낸다. 실재 개념을 좀 더 구체적으로 살펴보면 후기 라캉이 왜 그것에 매달렸는지를 알 수 있다.

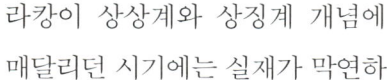

실재는 언제나 그 자리에 있다

라캉이 상상계와 상징계 개념에 매달리던 시기에는 실재가 막연하게 상징계 너머의 어떤 존재를 지칭하는 용어였다. 그것은 상상의 대상이 되기도 하고, 우리가 사는 물질적 현실을 애매하게 가리키는 말이기도 했다. 실재가 상징계나 상상계와 구별되는 어떤 존재의 영역에 속하는 것이라 생각했지만, 상징계와 시니피앙 논리에 매달리던 시기의 라캉에게 실재는 절대적인 관심사가 아니었다. 그러나 환각, 꿈, 히스테리나 강박증의 증상 같은 임상 현상들의 근본 원인을 연구하고 언어가 유발하는 결여의 적극적 작용을 보면서 라캉은 상징계에 대립되는 영역으로 실재에 중요성을 부여하기 시작한다.

실재는 상징계에 의해 현실에서 배제되는 영역이다. 언어가 사물의 살해라고 했을 때 실재는 기표에 의해 대리되면서 그 속으로 사라지는 것을 지칭한다. 이것은 자연이 인간화되는 과정이기도 하다. 인간은 말을 배우면서 상징화된 세계 속에 살기 때문에 대상에 대한 직접적인 접촉은 불가능하다. 그러나 상징에 의해 배척된 것은 그렇게 사라지는 게 아니라 언제나 그 자리에 있다. 그 자리에 있다는 것은 상징계가 그것을 배척하지만 실재는 늘 돌아온다는 뜻이다. 라캉은 다음과 같이 말한다.

> 실재는 항상 같은 장소로 되돌아오게 하는 그런 것이다. 사유하는 주체, 즉 사유 실체인 코기토는 이 자리에 도달할 수 없다.   세미나 제11권
> 『정신분석의 네 가지 근본 개념 Les quatre concepts fondamentaux de la psychanalyse』

사유하는 주체는 시니피앙의 논리를 수용하고 세계를 표상하면서 재구성하는 코기토적 주체를 말하는데 실재는 이러한 주체에게 원천적으로 차단되어 있다. 그러면 실재는 어떻게 회귀하는가? 실재의 회귀는 보통 환각이나 꿈같이 주체의 의지를 벗어나는 경험을 통해 이루어진다. 다음의 이야기는 프로이트가 『꿈의 해석』에서 소개한 꿈인데 실재의 회귀를 잘 보여준다. 꿈은 다음과 같다.

어떤 아버지가 병든 아이의 침상 옆에서 며칠 밤낮을 뜬눈으로 지새웠다. 그는 아이가 죽은 다음 옆방으로 가 휴식을 취하면서, 커다란 촛불들로 둘러싸인 아이의 시신이 안치된 곳이 보이도록 방문을 열어놓는다. 한 노인이 그곳을 지키라는 명령을 받고 시신 곁에 앉아 기도문을 중얼거리고 있다. 깜박 잠이 든 아버지는 아이가 침대 옆에 서서 자신의 팔을 잡고 비난하듯이 속삭이는 꿈을 꾼다. "아빠, 제가 불에 타는 것이 안 보여요?" 그는 잠에서 깨어나 시신이 안치된 방에서 밝은 불빛이 비치는 것을 보고 달려간다. 그곳을 지키고 있던 노인은 잠이 들어 있었고, 불이 붙은 채 넘어진 촛불 때문에 사랑하는 아이의 수의와 한쪽 팔이 타고 있었다. 『꿈의 해석Traumdeutung』

아마 아버지는 사랑하는 아이를 잃은 슬픔 속에서 잠이 들었을 것이고, 죽은 아이를 다시 보고 싶은 무의식적 소원이 꿈에 아이를 불러냈을 것이다. 잠든 아버지는 꿈을 통해 아이를 잃은 괴로움과 죄책감을 잊고 잠시나마 고통에서 벗어나고 싶었을 것이다. 그리고 아이가 생전에 그랬듯 자신의 팔을 붙들고 자신에게 말하는 모습을 봄으로써 아이가 되살아났으면 하는 소원도 꿈을 통해 표현하고 있다. 그런데 여기에서 아이의 시신이 꿈을 꾸는 동안 실제로 불에 타고 있었다는 사실에 주목해야 한다.

이 꿈에 개입되어 있는 실재적인 요소, 즉 연기와 매캐한 냄새, 불빛 등의 자극은 중요하다. 이것들은 단지 꿈을 만드는 질료로만 작용하는 게 아니다. 실재는 여기서 아버지가 아이를 불에서 구해내지 못했다는 죄책감을 꿈을 통해 다시 각인시키는데, "아빠 제가 불에 타는 것이 안 보여요?"라는 아이의 비난이 그것이다. 프로이트가 해석했듯이 아이는 열병, 즉 또 다른 불에 의해 죽었기 때문이다. 아버지는 두 번이나 아이를 불에서 구하지 못한 게 되는데, 이러한 죄책감은 기억에서 억압되려고 한다. 이 과정에서 고통에서 벗어나 잠을 자려는 소망과 깨어서 아이의 불을 꺼주려는 의지와의 타협점으로 불타는 꿈을 만든다. 여기서 '제가 불타고 있어요'라는 아이의 말은 사실상 아버지가 억압하고 싶은 트라우마로, 아버지의 무의식이 스스로에게 던지는 말이다. 이처럼 잊으려고 하지만 되살아오는 죄책감이 바로 실재에 속하는 것이며, 현실의 불과 결합되어 아이의 말을 통해 표현되는 것이다. 아버지는 꿈에서 한편으로는 아이를 다시 보고 싶은 무의식적 소원을 충족시키고 있지만, 동시에 자신의 죄책감을 상기시키는 불 때문에 꿈에서 깨어난다.

이 꿈에서 보듯 실재는 현실에서 배척되고 억압되지만 언제나 그 자리로 되돌아온다. 프로이트는 억압된 것의 회귀를 무의식의 증상으로 보는데, 라캉은 실재가 상징계의 틈을 뚫고 돌아오는 것이 증상symptôme; symptom이라 설명한다. 라캉은 이렇게 돌아오

는 억압된 실재와 만나는 것이 바로 트라우마라고 말한다. 사실 상징계는 실재를 감당할 수 없기에 배척하면서, 기표적 질서 속에서 실재를 상징적으로 구조화하려고 한다. 하지만 억압된 실재는 늘 다시 돌아온다. 실재가 회귀하는 경험은 주체에게 언제나 낯설면서도 동시에 친숙하다.

실재는 상징화에 저항한다

실재는 상징계에 의해 배제되는 것을 통해서만 드러나는 소극적인 것이 아니다. 오히려 실재는 적극적으로 상징화에 저항한다. 저항은 언어적인 것으로 환원되지 않은 채 상징계 너머에 지속하는 형태로 나타난다. 실재는 애초에 상징화가 불가능한 것이기 때문이다. 라캉은 상징화에 대한 실재의 저항을 "쓰이지 않기를 멈추지 않는 것$^{ne\ cesse\ pas\ de\ ne\ pas\ s'écrire}$"이라고 표현하면서 이를 불가능성이라고 말한다. 이와 반대로, 상징계의 논리는 합리적 필연성과 관계되며 "쓰기를 멈추지 않는 것$^{ne\ cesse\ pas\ de\ s'écrire}$"으로 정의된다. 상징계는 계속해서 실재를 현실 속에 기입하려고 하지만 불가능성의 논리에 가로막힌다. 실재는 모든 개념과 기표의 논리가 좌절되는 곳이다. 사유 주체의 대명사인 코기토가 실재에 도달할 수 없는 것도 이 때문이다. 실재의 논리적 불가능성과 상징계의 필연성이 대립하는 것이 인간 삶의 현실이다. 상징계가 분화·분리되는 요소들인 기표에 의해 차이의 논리를 통해 구성된다면, 실재는 충만하며 전혀 틈이 없는 영역이다. 시니피앙은 충만한 실재의 영역에 분할과 대립의 구조를 도입하는데, 시니피앙은 이를 통해서만 상징계라는 새로운 현실을 구성할 수 있기 때문이다. 그러나 실재계는 시니피앙에 의해 기호로 완전하게 대체되지 않으며 상징화 작용에 저항한다.

라캉은 본래 프로이트가 정신 기구 모델을 구상하면서 '심리적 현실'이라고 말한 것에 영향을 받아 실재 개념을 구상했다. 프로이트는 '심리적 현실'을 의식적인 것이 다 수용하고 통제하지 못하는 원초적 리비도의 흐름과 충동으로 보았다. 프로이트에게는 이것이 성적 현실이기도 하다. 프로이트의 성 개념은 역동성에 의해 설명된다. 라캉은 프로이트의 기본적 입장을 계승하면서도 프로이트가 시대적 한계로 생각하지 못했거나 명확히 하지 못한 생각들을 정교하게 다듬는다. 실재가 바로 그런 예에 속한다. 라캉에게 심리적 현실은 물론 성적 현실이지만, 그것은 더 이상 생물학적이고 역동적인 리비도 에너지에 의해 규정되지 않는다. 오히려 상징계와 연관을 맺으면서도 결국 완전한 상징화가 불가능한 까닭에 결여로 남는 부분이 심리적 현실의 본모습이다. 라캉이 무의식의 역동성을 찾는 곳은 메타심리학의 주된 원리인 리비도 경제학이 아니라 바로 결여다. 성이 인간의 고유한 본능으로 정착되는 것도 결여가 있기 때문에 가능하다.

성은 결여라는 경로를 통해 주체의 삶에 자리 잡는다.

세미나 제11권 『정신분석의 네 가지 근본 개념
Les quatre concepts fondamentaux de la psychanalyse』

그런데 결여는 부정적 의미가 아니라 상징화를 거부하는 실재의 저항이라는 적극적 측면에서 이해되어야 한다. 실재는 상징계보다 먼저 존재하는 절대적 영역이기도 하기 때문이다. 앞에서 상징계에서 결여되는 것은 구체적인 대상이 아니라 존재라고 했는데, 존재는 바로 실재에 속하는 것이다.

> 존재는 상징계에서 스스로를 드러낸다는 점에서 본질적으로 실재라고 할 수 있다. 　　세미나 제6권 『욕망과 그 해석 Le désir et son interprétation』

결여가 소극적 의미가 아니라 적극적 차원의 저항과 연결될 수 있는 것도 결여가 궁극적으로 존재를 지칭하기 때문이다. 라캉은 욕망을 대타자의 욕망으로 정의하면서 상징계가 욕망을 구

■ 초현실주의와 실재

초현실주의는 상징계 이전의 원초적인 현실인 실재와 무의식의 경험들을 표현하려는 예술 사조를 말한다. 프랑스 시인 앙드레 브르통(André Breton, 1896~1966)〔사진〕이 1924년 「초현실주의 선언(Manifeste du surréalisme)」을 발표하면서 일련의 작가들을 모아 초현실주의 운동을 이끌었다. 그는 프로이트 이론에 영향을 받아, 광기와 무의식 속에서 새로운 미학의 원리와 현실 세계의 진리를 발견하고자 했다. 프로이트가 무의식의 발견을 통해 정신분석학을 창시했듯이, 브르통은 꿈, 환각, 망상 등을 표현하는 초현실주의 운동을 통해 새로운 예술의 가능성을 보여주려고 했다. 초현실주의자들의 작품에 즐겨 등장하는 '꿈', '죽음', '성적 충동'은 모두 현실에서는 배제되지만 언제나 우리를 엄습하는 것들이다. 초현실주의 용어 중 하나인 '객관적 우연(hasard objectif)'도 억압의 회귀와 연관된다. 이 말은 우연 같지만 사실상 필연성의 지배를 받는 경험을 일컫는다. 초현실주의자들은 프로이트가 개

조화하는 것을 강조하지만, 사실은 욕망을 존재 결여에서 찾으면서 주체적 차원을 강조하기도 한다. 나중에 라캉이 '정신분석의 윤리L'éthique de la psychanalyse'라는 제목이 붙은 세미나7에서 욕망을 칸트의 절대 윤리에 비교한 것은 욕망이 대상에 대한 요구가 아니라 존재에 대한 순수 의지이기 때문이다. 칸트가 윤리적 행위에서 정념이나 목적성을 배제하고 선의지 자체만 기준으로 삼듯이, 라캉은 욕망을 대상에 의해 좌우되는 것이 아니라고 말하면서 '순수 욕망désir pur'이라고 정의한다.

 욕망은 결국 주체가 상실한 존재, 즉 실재에 대한 갈망이라 할 수 있다. 실재는 이처럼 언어에 대해 언제나 이질적이며 길들여지지 않는 것으로 남는다. 그러면서 상징계의 틈을 뚫고, 상징계가 결국 완전한 존재의 질서를 보장하지 못함을 보여준다. 실재

념화한 반복 강박을 객관적 우연으로 뒤바꾸었다. 반복 강박이란 주체에게 불쾌한 표상을 유발하는 트라우마나 억압을 무의식적으로 되풀이하는 현상을 말하는데, 초현실주의자들은 이것을 억압된 기억, 즉 실재가 드러나는 양상으로 본다. 객관적 우연은 과거에 이미 결정된 것이기에 항상 '놀라움', '상실', '불안' 등을 불러일으키며 우리 삶에서 되풀이된다. 반복되는 것에 우연은 없다는 게 초현실주의자들의 믿음이었다. 초현실주의 거장인 르네 마그리트(René Magritte, 1898~1967)(사진)의 그림에는 '중절모를 쓴 사나이', '새' 등이 반복적으로 등장한다. 이것도 소재의 반복이기보다는 그것과 연관된 무의식적 기억의 반복으로 해석될 수 있다. 반복되는 것은 언제나 낯설면서도 동시에 익숙한데 프로이트는 이를 '운하임리헤(das Unheimliche; the uncanny)', 즉 '두려운 낯섦'이라 불렀다. 초현실주의는 이 '두려운 낯섦'을 새로운 미학의 원리로 적극 받아들이고 그것에 충실하려고 하는 예술 사조다.

는 상징화가 절대로 동화하지 못하는 영역이 우리 삶에 존재함을 일깨워준다. 라캉은 다음과 같이 말한다.

> 결국 시니피앙에 절대 동화될 수 없는 어떤 것이 있다. 그것은 바로 주체의 개인적 존재성이다. 왜 주체는 여기에 있는가? 그것은 어디에서 왔을까? 여기에서 무엇을 하는가? 왜 주체는 사라지는가? 시니피앙은 이런 질문에 답을 줄 수 없다. 주체를 죽음의 너머에 위치시키기 때문이다.
> 세미나 제3권 『정신병 Les psychoses』

죽음 충동과 욕망

> 우리가 말의 연속적 놀이 이전에 있었던 것, 그리고 상징계의 탄생에 선행하는 것을 주체 속에서 찾으려 한다면, 그것은 죽음 속에서만 볼 수 있다.
> 「말과 언어의 기능과 장」, 『에크리 Écrits』

라캉에 의하면 말하는 주체는 불가피하게 죽음 충동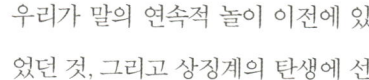을 느낄 수밖에 없으며, 그것이 욕망을 지속하게 만든다. 죽음 충동에 대한 라캉의 설명은 프로이트와 다르다. 라캉은 죽음 충동을 상징계의 작용과 연관시킨다. 그러나 프로이트는 죽음 충동을 삶의 충동과 대립시키면서, 죽음 충동은 쾌락 원리를 넘어서고자 하는 본능적 경향이라고 말했다. 프로이트는 인간 유기체의 욕망과 행동을 쾌락 원리와 리비도 경제학을 통해 설명한다. 쾌락 원리란 쉽게 말하면 과도한 리비도의 흐름이 유발하는 자극과 긴장을 방출해 유기체를 평온의 상태로 보존하려는 항상성 메커니즘이다. 리비도 경제학은 적절한 리비도의 흐름을 유지하기 위해 대상에 리비도를 집중시키면서 과도한 리비도의 자극을 양적으로 제거하는 것이다. 프로이트에 따르면 죽음 충동은 쾌락 원리를 거스르지만 그것은 유기체가 더 이상의 긴장이나 자극이 없는 무기물 상태에 도달하기 위함이다. 그러므로 프로이트의 죽음 충동은 쾌락 원리의 극단이라 할 수 있다.

반면에 라캉은 죽음 충동을 결여에서 찾으며, 죽음 충동이 상

▪ 죽음 충동과 프로이트

프로이트는 1920년 『쾌락 원리를 넘어서Jenseits des Lustprinzips』를 출간하면서, 반복 강박 현상과 관련지어 죽음 충동을 언급했다. 이후로 프로이트는 쾌락 원리가 감당할 수 없을 정도로 강력한 죽음 충동의 힘에 대해 계속 사색하면서, 이를 문명 속의 인간이 겪는 불안과 공격성을 유발하는 근본 원인으로 해석했다. 그런데 죽음 충동이 본격적으로 언급된 시기에 프로이트는 사랑하는 이들의 죽음을 경험한다. 1920년에는 프로이트가 결혼을 질투할 정도로 사랑했던 다섯째 딸 조피 할버슈타트(Sophie Halberstadt-Freud, 1893~1920)가 독감으로 사망했으며, 3년 후에는 조피의 아들이자 프로이트의 손자였던 하이넬레(Heinele)가 결핵으로 사망했다. 그 외 지인들의 죽음도 잇따랐다. 손자의 죽음은 프로이트에게 심한 좌절감과 슬픔을 주었고, 그 충격으로 나중에는 아이들에게 정을 못 줄 정도였다. 조피의 다른 아들 에른스트(Ernst)는 프로이트가 『쾌락 원리를 넘어서』에서 언급함으로써 아주 유명해진 '포르트-다(Fort/Da) 놀이'(엄마가 부재할 때 아기가 혼자 실이 풀린 실패를 던졌다 잡아당기며 '있다', '없다'를 반복해서 외치는 놀이)의 주인공이었다. 혹자는 프로이트의 개인적 상황과 후기 죽음 충동의 강조가 연관이 있지 않을까 주장하기도 한다. 하지만 프로이트는 딸이 죽기 전에 이미 죽음 충동 개념에 대한 많은 구상을 했다고 밝히면서 개인적 경험과 죽음 충동 개념의 연관성을 부인했다. 그럼에도 프로이트가 겪은 인간적인 상처와 전쟁의 참혹함이 죽음 충동의 구상에 어느 정도는 영향을 미치지 않았을까?

징계를 덮고 있는 가면이라고 말한다. 죽음 충동은 언어가 유발하는 상실의 효과에서 발생하며, 무기물의 상태로 돌아가려는 본능적 경향과는 철저하게 구별된다. 라캉은 충동이 성의 본질이라는 프로이트의 주장을 받아들이면서, 충동의 본질이 결여, 즉 죽음 충동임을 다음과 같이 이야기한다.

> 말하는 주체는 그것을 통해 성에 대한 관계를 맺는 이 기관이 가진 죽음의 의미를 폭로하는 특권을 가지고 있다. 이는 시니피앙 자체가 주체에 빗금을 치면서 최초의 의도화 과정에서 죽음의 의미를 주체에게 심어주기 때문이다. (문자가 죽인다. 그러나 우리는 그것조차 문자를 통해서 배운다) 그렇기 때문에 모든 충동은 잠재적으로 죽음의 충동이다.
> 「무의식의 위치」, 『에크리Écrits』

여기서 말하는 "이 기관"은 리비도를 말한다. 죽음의 의미는 시니피앙이 주체를 기표의 질서로 대리하면서 거세하는 것을 말하며, 라캉은 이를 빗금친 주체 '$\$$' 기호로 표기한다. 프로이트가 죽음 충동이란 쾌락 원리에 저항하고 그것을 넘어서고자 하는 경향이라고 말한 것처럼, 라캉도 죽음 충동과 쾌락 원리의 긴밀한 연관성을 강조한다. 하지만 죽음 충동의 목표와 관련해서 라캉과 프로이트는 약간의 차이가 있다. 프로이트는 죽음 충동을 궁극적으로 자극과 긴장이 제로에 도달하는 상태, 즉 영원한 휴식 상태에 도달하고자 하는 일종의 열반 원리$^{Nirvana\ principle}$로 보았다. 반면에 라캉은 죽음 충동을 상징계가 설정한 쾌락 원리와 금지를 넘어, 잃어버린 대상에 도달하려는 절대적인 향유 의지

로 해석한다. 라캉은 주체를 상징계의 작용에 머물도록 하면서 실재에 거리를 두게 만드는 상징계의 작용, 즉 언어적인 법이 쾌락 원리의 본질이라고 보기 때문이다. 그런데 라캉은 법이 금지를 명하면 명할수록 더더욱 탐심이 생긴다는 것을 강조한다. 다시 말해 욕망 때문에 금지가 생기는 게 아니라, 거꾸로 금지 때문에 욕망이 생긴다는 것이다. 금지는 주체에게 그 너머에는 절대적인 향유의 대상이 있다는 착각을 불러일으킨다.

　쾌락 원리를 넘는 대상에 대한 이러한 향유 의지를 라캉은 주이상스^{jouissance}라 부른다. 주이상스는 본래 성적 쾌락, 특히 오르가슴^{orgasme}에 도달할 때 느끼는 즐거움을 말하는데, 라캉은 이 주이상스에 본래의 성적 의미 외에 고통 속에서 누리는 쾌락, 불가능한 향유라는 의미를 추가한다. 주이상스가 향하는 잃어버린 대상˙은 상징계 너머, 즉 실재에 속하는 것으로 상징계의 주체에게는 접근 가능성이 원천적으로 차단되어 있는 불가능한 대상이

▪ **잃어버린 대상**

라캉에 따르면 욕망의 대상은 현존하는 경험적 대상이 아니라 언제나 잃어버린 대상이다. 그것은 평소에는 값어치가 없고 끌리지도 않지만 상실을 통해서만 소중한 대상이 된다. 잃어버린 대상은 주체의 잠재된 향수를 자극하면서 환상적 구조 속에서 욕망을 불러일으킨다. 욕망의 대상은 언제나 잃어버린 대상일 수밖에 없는데 그것을 쉽게 느낄 수 있는 것이 바로 사랑하지만 동시에 미워하는 사람의 죽음이다. 평소엔 특별한 애착이 없고 때로 부정적인 감정이 앞설 때도 있지만 일단 그 사람이 가고 나면 더 없이 소중해지면서 그 가치가 새롭게 재평가된다. 고 노무현 대통령이 죽고 난후 사람들이 몹시 애도하고 그를 그리워했던 심리도 잃어버린 대상의 논리를 통해 설명할 수 있다.

다. 그러나 그것은 끊임없이 주체에게 유혹의 손짓을 보내며, 주체로 하여금 쾌락 원리를 위반하고자 하는 욕망을 부추긴다. 주이상스란 결국 실재에 도달하려는 갈망으로 욕망의 최종적 귀결점이다.

상징계에서는 조우가 불가능한 대상을 라캉은 칸트가 순수 이성의 한계로 설정했던 물자체$^{Ding\ an\ sich;\ thing-in-itself}$에 견주어 물$^{Ding;\ Thing}$이라 부른다. 물이란 원초적인 상실을 상징하는 이상화된 대상이라고 보면 된다. 그것은 우리가 실제로 잃어버린 대상이 아니라, 언어적 작용에서 경험하는 상실의 효과 때문에 갈망을 불러일으키는 대상이다. 물은 실재에 속하는 것으로, 실재의 대상

🔖 물자체와 물

경험론과 합리론의 종합을 시도한 칸트는 우리의 모든 인식이 경험과 더불어 시작되지만 경험 자체에서 비롯되는 게 아니라 인식 주관이 갖고 있는 선험적 형식에 의해 가능하다고 보았다. 선험적 형식은 감성 형식인 시간과 공간, 그리고 오성 형식인 범주로 나뉘며, 감성과 오성은 선험적 주체가 이미 보유한 것이기 때문에 인식의 보편성과 절대성을 보장해줄 수 있다. 그러나 이성의 능력은 경험 세계와 현상에 국한되며 그 너머로 갈 수 없다. 여기서 칸트는 모든 현상의 원인이 되는 궁극적 실체인 물자체를 가정했다. 즉 물자체는 인식 주관으로부터 독립해 그 자체로서 존재하며 현상의 궁극적 원인이라고 생각되는 것으로, 칸트는 물자체를 순수이성이 알 수 없는 것이기에 선험적 대상이라고 불렀다. 라캉의 물 개념은 칸트의 물자체와 유사성이 많다. 그러나 라캉의 물은 상징계에서 괴로움을 겪는 실재계와 연관되며, 주체가 상징계로 들어오면서 잃어버린 원초적 대상을 상징한다. 라캉은 세미나 제7권 『정신분석의 윤리』에서 물과 실재의 연관성을 이렇게 설명했다. "물이란 인간을 시니피앙의 질서 속으로 들어가게 하는 이 최초의 근본적 관계에 의해 괴로움을 겪는 실재에 속하는 것이다."

인 물에 도달하려는 것은 상징계의 주체에게는 불가능한 임무다. 그러나 욕망은 궁극적으로 물을 향할 수밖에 없다. 욕망의 대상은 현실에서 찾을 수 있는 경험적 대상이 아니기 때문이다. 이렇게 대상이 아니라 실재를 향한 욕망의 이런 성격을 라캉은 순수 욕망이라 부른다. 이는 욕망의 절대적 성격을 윤리의 차원에서 정당화하는 것이다.

라캉이 말하는 윤리는 전통적 윤리학에서 말하는 윤리가 아니라 욕망을 중심에 두고 욕망의 법에 절대적으로 충실한 순수 행위와 그에 대한 의지를 말한다. 라캉이 보기에 전통 윤리는 선이나 쾌락을 중심에 두는데, 선, 쾌락, 행복 등은 대상에 의존하는 것으로 욕망의 윤리에는 방해물이 된다. 라캉은 도덕 법칙이 물과 그 물의 보증물인 실재 자체를 겨냥해야 함을 역설한다. 실재에 도달하는 것은 불가능하지만 환상을 통해서는 가능하다. 라캉이 말하는 승화란 평범한 대상에 물의 지위를 부여하는 것인데, 승화는 죽음 충동을 현실에서 실현하는 욕망의 우회로이기도 하다.

승화와 궁정풍 사랑

현실 속에서 구체적으로 볼 수 있는 승화 sublimation; sublimation의 구체적인 예는 어떤 것이 있을까? 라캉은 12~13세기 유럽에서 유행한 궁정풍 사랑에서 그 전형을 찾는다. 궁정풍 사랑은 평범한 대상을 불가능한 대상인 물의 지위에 도달하게 만드는 승화의 전형적 예다. 라캉은 '정신분석의 윤리'를 주제로 삼은 세미나에서 승화에 대해 언급하면서 궁정풍 사랑에 대해 장황하게 설명한다. 우리는 궁정풍 사랑을 중세 기사들의 사랑을 통해 이해할 수 있다. 이것은 시적으로 이상화된 사랑이자 기사도를 돋보이게 만드는 장식물이다. 라캉은 이에 대해 다음과 같이 말한다.

> 궁정풍 사랑은 결국 하나의 시적인 실천이며, 상당수의 이상화된 관습과의 놀이일 뿐이다. 그것은 구체적 현실의 어떠한 보증인도 갖지 못하는 사랑이다.
> 세미나 제7권 『정신분석의 윤리』

'기사'라고 하면 우리는 로봇처럼 전신을 보호하는 갑주를 입고 말을 탄 채 싸우는 모습만을 연상하지만, 기사를 기사로 만드는 제일 중요한 요소의 하나는 이상화된 여인인 '레이디'의 존재다. 세르반테스 사아베드라Miguel de Cervantes Saavedra, 1547~1616의 소설 『돈키호테Don Quijote de la Mancha』(1605)를 보면 이 점이 잘 나타나 있다. 평범한 시골의 몰락 귀족이었던 알론소 키하노Alonso Quijano는 기사 소설을 너무 열심히 읽은 나머지, 마침내 정신이 이상해지면서 몸소 기사가 되기로 결심한다. 그는 말라비틀어진 자기 말에 로시난테Rocinante라는 이름을 붙이고, 조상 대대로 내려오는 낡은 갑옷을 입는다. 그리고 자신의 시중을 들어줄 산초 판사Sancho Panza라는 하인도 구한다. 하지만 기사로서 모험을 떠나기 위해 마지막으로 필요한 게 있었으니, 바로 기사가 숭배하고 사모하는 레이디다. 돈키호테는 이웃집 농부의 딸을 둘시네아 델 토보소Dulcinea del Toboso라는 그럴듯한 이름으로 부르면서 자신의 마음속 여인으로 정한다.

갑옷과 말과 여인이 골고루 갖추어진 후에야 기사로서 모험을 떠나는 돈키호테의 이야기는 기사를 기사로 만들어주는 사랑의 중요성을 잘 보여준다. 기사의 사랑은 여러 가지로 흥미롭고 낭만의 전형이라 많은 문학 작품의 소재가 되기도 했다. 기사의 사랑에서 중요한 것은 그것이 현실의 여인을 대상으로 삼지만 순수하게 이상화된 모습으로 숭배되어야 하며 현실 속에서 절대로 사랑이 실현되어서는 안 된다는 점이다. 이것은 기사가 숭배하는 여인이 주로 자신이 충성을 바쳐야 할 상관의 부인인 탓도 있지만, 본질적으로는 레이디가 물의 지위를 갖기 때문이다. 기사는 이루지 못할 사랑에 한숨지으며 사랑하는 여인에게 편지를 쓰고 그녀를 그리워하고 사모한다. 출전出戰할 때나 시합에 나갈 때도 사랑하는 여인의 이름을 빛내기 위해 창이나 방패에 이름을 새기기까지 한다. 하지만 기사의 사랑은 불가능한 사랑이다. 기사는 언제나 레이디를 스스로에게 금지된 대상으로 설정하고 거리를 유지하면서 안타까움에 괴로워한다. 여기서 기사가 사랑하는 레이디는 실제 여인이 아니라 환상적 대상인 물의 지위에서 사모되고 있다. 기사에게 레이디에 대한 사랑과 욕망을 불러일으키는 것은 대상에 대한 금지와 이상이다. 만약 여인이 기사의 사랑을 받아들이고 기사 역시 자신의 육체적 욕망에 굴복한다면 여인은 물이 아니라 평범한 대상으로 전락하게 된다. 이처럼 기사도에 표현된 사랑은 현실의 여인을 물의 지위에 올려놓는 것을 가능하게 한다는 점에서 승화의 예다.

라캉은 예술 또한 창작 과정을 통해 실재와의 만남을 체험하

면서 작품을 통해 작가가 느낀 것을 보여주려는 노력이기에 승화의 일환으로 본다. 창작 작업은 인식에 포착되지 않고 언어로 지명할 수 없는 상징계 속의 실재를 표현하고 체험하려는 몸부림이다. 앞에서 언급한 것처럼 실재는 결여의 효과로, 그리고 죽음 충동의 대상으로 주체에게 체험된다. 라캉이 상징계의 작용에서 벗어나지만 언제나 그 자리에 있는 실재를 표현한 것으로 든 그림이 한스 홀바인^{Hans Holbein, 1497~1543}의 「대사들^{The Ambassadors}」(1533)이다.

■ 홀바인과 왜상 기법

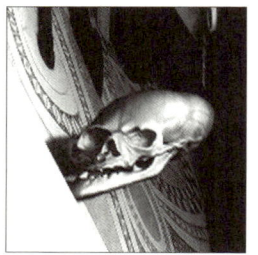

홀바인은 원래 독일에서 태어났지만 런던으로 이주해 작품 활동을 했다. 명성이 높아지면서 헨리 8세(Henry VIII, 재위 1509~1547)의 궁정 화가로 초청되었다. 홀바인의 대표적인 그림 「대사들」에는 16세기에 유행하던 왜상 기법이 잘 나타나 있다. 왜상 기법이란 광학 기구를 이용해 형체를 비틀거나 왜곡시켜 일정한 각도에서만 특정한 상이 정확히 나타나게 그리는 회화 기술이다. 「대사들」에는 당시 상황을 알 수 있게 해주는 여러 오브제들이 그려져 있는데 그중 가장 관심이 가는 것은 제일 하단의 길쭉한 형상

라캉에 따르면 「대사들」에서 홀바인이 왜상歪像: anamorphosis 기법*을 사용해 표현한 오브제objet인 해골은 실재에 속하는 물Ding의 상징으로 시선의 교차를 통해 우리에게 보이기도 하고 동시에 숨겨지기도 한다. 그것은 대상을 관조하는 평범한 시선에는 보이지 않으며, 삐딱하게 보기, 즉 일상의 평범한 시선을 비트는 때만 비로소 눈에 드러난다. 「대사들」의 예처럼 예술작품은 대상을 묘사하고 충실하게 전달해주는 것보다, 그것을 통해 대상의 전혀 다른 면목(죽음)을 느끼게 해줄 수 있다. 라캉이 예술작품

이다. 정면에서 보면 형상이 정확히 보이지 않지만, 일정하게 시선을 옮기면 해골의 형상이 나타난다〔오른쪽 그림〕. 남근을 연상시키기도 하는 해골의 왜상은 일상에 숨어 있는 '죽음을 기억하라(memento mori)'는 메시지를 말해주는 오브제다. 왜상 기법은 치밀한 과학적 계산과 화가의 정교한 노력을 필요로 하는 것으로, 눈에 보이지 않으면서 존재하는 대상을 그리기 위해 활용되는 첨단 기술이다. 홀바인은 「대사들」에서 오브제의 세세한 묘사를 통해 당시 그림의 배경이 된 헨리 8세의 이혼과 종교 개혁 사건을 암시하려 했다. 예를 들어 그림 속의 해시계가 가리키는 날짜는 영국 종교 개혁의 발단이 된 헨리 8세와 본처의 이혼 사건이 있던 날짜며, 줄이 끊어진 현악기는 종교 간의 불협화음을 상징한다. 그러나 홀바인의 그림에서 우리 시선을 끄는 것은 이러한 일상적 오브제와 전혀 다른 위치에서 비스듬히 관객을 응시하는 비틀어진 해골의 왜상이다. 희미한 얼룩처럼 그림을 가로지르는 이 기묘한 오브제가 그림 속의 모든 이야기와 사건들을 죽음의 그림자 속으로 무화시키는 효과를 발휘한다. 관객이 고개를 돌려 해골의 형체를 알아보는 순간 다른 사물들은 모두 시야에서 사라지기 때문이다. 이처럼 물이란 평범한 눈에는 보이지 않지만 끊임없이 그 자리에서 우리를 응시하면서 어느 순간 자신을 드러내 우리를 사로 잡는 그러한 대상이다. 라캉은 세미나 제7권 『정신분석의 윤리』에서 홀바인의 그림을 통해 보이지 않는 물(Ding)을 표현하고 그것으로부터 오는 시선을 길들여보려고 하는 것이 예술의 본질이라고 설명한다.

을 승화의 예로 보는 것은 이 때문이다.

　프로이트 역시 예술 활동을 승화의 예로 본다. 하지만 프로이트가 정의하는 승화는 리비도의 에너지를 비#성적인 대상에 투여하고 성과 무관한 창조적 활동을 통해 사회적으로 용인되는 방식으로 발산하면서 만족을 찾는 행동이다. 예술가들은 성적 충동과 무의식적 소망을 그대로 표현하거나 억압하지 않고 예술적 창작 활동을 통해 더 고차적인 형태로 실현한다. 하지만 승화에 사용되는 에너지는 성적 리비도에서 발원하며, 아무리 목표가 수정되어도 성적 충동의 기본 성격이 완전히 사라지지는 않는다. 그러므로 작품은 작가의 무의식을 엿볼 수 있는 단서들이 된다.

　프로이트가 승화의 예로 자세히 분석한 르네상스 시기의 천재 화가 다빈치는 유아기 성적 충동과 환상을 예술적 정열의 모티브로 잘 승화한 인물이다. 하지만 프로이트가 보기에 다빈치의 작품 대부분에는 유아기 나르시시즘과 동성애적 성향이 지속적으로 흔적처럼 남아 있다. 유아기 자신을 사랑했던 어머니의 온화한 미소가 여러 작품에 계속 등장하고 바쿠스나 요한 같이 아주 남성적인 인물들도 이 미소를 띤 여성처럼 그려져 있는 것은 명백한 동성애적 경향이다. 나르시시즘이 동성애와 결합하는 것은 자신을 사랑하는 어머니의 입장에서 자신을 닮은 남자를 사랑하는 것이 동성애의 기원이기 때문이다. 또한 다빈치가 유달리 하늘을 나는 기구의 발명에 집착한 것도 억압된 성적 충동과 관계된다. 하늘을 나는 것은 무의식적으로 억압된 충동을 발산하는 오르가즘의 체험과 연관되기 때문이다. 프로이트는 다빈치의 전기적 사건들과 작품을 분석하면서 다빈치의 숨겨진 욕망이 어떻게 예술작품과 창작활동에 반영되었는지를 치밀하게 분석한다. 다빈치는 성충동이 인간의 고차적인 창작활동의 에너지로 활용 될 수 있는 승화의 좋은 사례이다.

반면에 라캉에게 승화는 성적 활동을 고차적인 창조 활동으로

▌ 다빈치의 「모나리자」

프로이트가 승화의 전형적 예로 든 작품이 바로 세계적으로 가장 널리 알려진 그림 「모나리자(Mona Lisa)」다. 「모나리자」에는 어머니에 대한 다빈치의 유아기 환상이 잘 녹아 있다. 이 환상은 억압된 채 계속해서 작가를 사로잡는 것으로, 작품에서는 '여인의 미소'로 표현되었다. 「모나리자」의 신비한 미소에서는 정숙함과 요염함, 헌신적인 다정함과 남자를 집어삼킬 듯한 관능성을 동시에 엿볼 수 있다. 17세기 초 사람들이 「모나리자」에서 주로 에로틱한 느낌을 받았다는 것은 퐁텐블로(Fontainebleau) 궁전의 안내 책자들을 쓴 한 신부의 말에서도 확인된다(퐁텐블로 궁전은 프랑스에서 「모나리자」를 최초로 소장했던 곳이다). 이 양면적 성

격의 미소는 아이가 유아기에 어머니에 대해 갖고 있는 오이디푸스 환상과 연관된다. 아이에게 어머니는 숭고한 사랑의 대상인 동시에 성애적 대상이기 때문이다. 1956년 볼리비아의 한 청년이 그림의 미소를 훼손하려 했다가 다행히 미수에 그친 사건이 발생했다. 초현실주의 화가 살바도르 달리(Salvador Dalí, 1904~1989)는 그 청년이 오이디푸스 콤플렉스에 시달리고 있으며 무의식적으로 어머니와 사랑에 빠져버린 사람이라고 말했다는 얘기가 전해온다.

바꾸어 리비도를 발산하는 게 아니라, 상징계로 진입하면서 발생하는 결여를 수용하는 적극적 태도와 관계가 있다. 그것은 잃어버린 대상인 물이 주는 존재 결여의 공허감을 대상에 대한 주체의 위치(시선) 조정을 통해 환상적으로 충족시키려는 활동이다. 물론 이 결여는 절대로 채워질 수 없으며 그 때문에 더 절대적이 된다. 결국 승화는 상징계 너머의 실재를 향한 향유 의지로 죽음 충동과 깊은 연관이 있으며, 반복적 행위 자체가 중요하다고 할 수 있다. 그러므로 예술작품을 통해 작가의 무의식적 억압의 단서를 엿보려고 하는 것은 승화의 이해에서 그렇게 중요한 것이 아니다. 이것은 작품을 감상하는 태도에도 적용된다. 라캉은 작품을 통해 물의 현존을 느끼고 그것과 관계를 맺는 체험이 중요하지, 의미에 치우쳐 특정한 해석이나 시각을 강조하는 것은 정신분석적 예술 비평 원리에 어긋난다고 주장한다. 물이란 모든 말의 표상과 언어적인 한계를 넘어선 신비한 것이기 때문이다.

 승화는 한편으로는 예술의 기원과 역할을 잘 설명해주기 때문에 미학적 영역에 주로 관련되지만, 보다 궁극적으로는 숭고한 대상인 물의 현실적 등가물을 찾는 욕망에 본질이 있다. 승화는 쾌락 원리의 제약과 한계를 넘어 절대적인 실재에 속하는 불가능한 대상과 조우하려는 욕망의 절대성 때문에 발생한다. 이처럼 욕망은 한편으로 언어에 의해 촉발되고 대타자의 욕망을 통해 인정을 받으려는 것에서 상징계적 작용에 종속되면서도, 다른 한편으로 욕망이 존재 결여의 표현이라는 면에서는 상징계의 작용을 넘어서는 모습을 보이기도 한다. 욕망의 최종 귀착점은 실재에 대한 충동인 죽음 충동, 즉 주이상스다. 결국 실재야말로 모든 것을 가능하게 만드는 최후의 영역이다.

Sigmund Freud

Chapter 3

🎤 대화
TALKING

Jacques Lacan

🎤 대 화

타이타닉 선상에서의 대화

제임스 캐머런^{James Cameron, 1954~} 감독의 1997년 영화 「타이타닉^{Titanic}」은 개봉되자마자 각종 신기록을 세우며 전 세계적인 흥행 열풍을 불러일으켰다. 2억 5,000만 달러의 제작비와 3시간이 넘는 상영 시간, 초호화 여객선의 침몰 장면을 스펙터클하게 재연한 특수 효과, 할리우드 톱스타들의 출연으로 화제가 되었던 이 영화는 이듬해 아카데미상^{Academy Awards} 시상식에서 작품상을 비롯해 11개 부문을 휩쓸며 대미를 장식한 바 있다. 안타깝게도, 이 영화의 중심 소재인 여객선의 침몰은 영화를 위해 짜인 각본이 아니라, 1912년 4월 14일 실제로 일어난 사건이었다. 당대 세계 최대의 여객선으로 "신^神도 침몰시킬 수 없는 배"라고까지 소개되었던 타이타닉호^{RMS Titanic}가 영국을 떠나 미국 뉴욕으로 가는 처녀항해 도중 대서양을 떠다니던 빙산과 충돌해 1,517명이 사망하는 참사가 일어났던 것이다. 당시 타이타닉호 승무원들은

| 초대 | 만남 | 대화 | 이슈 |

출항 전에 쌍안경이 비치된 곳의 열쇠를 인계받지 못해 맨눈으로 한밤중 컴컴한 사위 속의 빙산을 식별해야 했고, 그 때문에 빙산을 발견했을 때는 이미 배가 피해 갈 수 없을 정도로 빙산과의 거리가 가까운 상황이었다고 한다. 영화는 칠흑 같은 어둠이 깔린 영하 2도의 차가운 바다에 둥둥 뜬 채로 새하얗게 얼어 죽은 사람들의 모습을 실감 나게 묘사하고 있다.

프로이트는 일찍이 인간의 정신 구조를 빙산에 비유했다. 바다 위에 떠 있는 빙산의 모습은 전체 빙산의 일각에 지나지 않고 수면 밑으로 빙산의 나머지 부분이 거대하게 자리 잡고 있듯이, 정신의 작용에서 의식의 세계는 전체의 10퍼센트 정도일 뿐이며 정신 작용의 대부분은 무의식의 세계에서 일어난다는 것이다. 다음은 각각 정신분석학의 창시자와 계승자인 프로이트와 라캉이 1912년 4월 14일 대서양을 항해하는 타이타닉호에서 선상 대담을 나누는 상황을 가상으로 설정해본 것이다.

■ ■ ■

프로이트가 타이타닉호 갑판에서 홀로 산책을 하고 있다.

|프로이트| (독백) 신도 침몰시킬 수 없는 배라고 하더니 정말 대단하군. 다 돌아다녀보려면 하루 종일로도 모자라겠는걸. 승선한 사람들도 엄청나게 많은데 3등칸까지 있다지. 미국이 자유의 나라인지는 모르겠지만 기회의 땅인 것은 분명한 것 같군.

라캉이 다가와 아주 정중하게 인사한다.

|라캉| 프로이트 선생님 아니십니까? 긴가민가했었는데, 작은 키에 동그란 안경, 시가를 보니 선생님이 틀림없군요.

|프로이트| 오, 라캉 박사 아닌가! 자네가 옷을 잘 입고 다닌다는 얘기는 익히 들었네만 정말 멋쟁이군. 소문대로 귀족적 취향인

것 같아. 반갑네, 라캉 '박사'! (박사라는 말에 힘을 주면서 악수를 청한다)

|라캉| 뭐, 저야 늘 이렇습니다. (다소 언짢은 표정을 지으며) 그렇게 박사라고 힘주어 말씀 안 하셔도 됩니다.

|프로이트| 사실 좀 미안해서 그러네. 자네의 박사 논문을 받고도 제대로 된 편지 한 통 쓰지 못해서……. 자네가 화가 많이 났다고 들었는데……?

|라캉| 솔직히 선생님께서 절 인정해주지 않으시는 것 같아 서운했지만, 뭐……. (말끝을 흐린다) 어쨌든 저야말로 선생님의 충실한 계승자로 자부합니다.

|프로이트| 충실한 계승자인지 새로운 이론가인지는 잘 모르겠지만, 자네 덕에 프랑스에서 나에 대해 가졌던 그 많은 편견이 상당히 사라진 것 같아. 그런데 나를 찾았나?

|라캉| 선생님과 커피라도 한잔하려고 왔습니다. 호화로운 타이타닉 갑판에서 대서양 바닷바람을 맞으며 즐기는 커피는 또 다른 운치가 있지요. 저를 따라오시죠.

|프로이트| 그러세. 커피와 담배는 인생의 유일한 즐거움이지. 사실 구강암 때문에 고생을 하고 있지만 담배는 절대로 못 끊겠네.

라캉이 거들먹거리며 앞장서자 프로이트가 그 뒤를 따른다. 두 사람은 갑판에 있는 야외 테이블에 자리를 잡고 앉아 사이좋게 시가를 피우며 이야기를 나눈다.

|프로이트| 그래. 자네가 진행하는 세미나가 파리 지식인들의 새로운 만남의 장이 되고 있다고 소문이 자자하던데. 내 명성을 능가한다며?

|라캉| 아직 선생님과 견줄 정도는 아닙니다. 처음에는 정신분석가들만 참석했는데 파리 고등사범학교(에콜 노르말 쉬페리외르 École normale supérieure)로 장소를 바꾸고 나서 야콥슨 Roman Jakobson, 1896~1982 선생을 비롯해 푸코, 들뢰즈 Gilles Deleuze, 1925~1995, 레비-스트로스, 리쾨르 Paul Ricœur, 1913~2005 등 괜찮은 친구들이 무척 많이 참석하고 있습니다.

|프로이트| 그래, 반향은 좀 있는가? 정신분석이 유대인의 학문이고 풍속을 타락시킨다는 그릇된 선입견은 많이 사라진 것 같은데 말이야.

|라캉| 사람들이 세미나는 열심히 들으면서도 정작 제 이론을 인용하고 받아들이는 것에는 인색한 것 같아 좀 자존심이 상해요.

|프로이트| 나는 저녁마다 임상 기록을 정리해서 부지런히 책과 논문을 냈는데, 자네는 세미나에만 치중하니까 그렇지. 책을 좀 내

지 그러나.

|라캉| 저도 『에크리』라고 책을 하나 냈는데, 덕분에 갑자기 이름이 많이 알려져서 세미나에 더 많은 사람이 몰리고 있습니다. 하지만 저는 정신분석의 본질을 전달하기에는 글보다는 말이 더 적합하다고 봅니다. 글은 오히려 진리를 왜곡할 수 있거든요. 그래서 열심히 세미나를 열고 있습니다.

|프로이트| 아니지. 오히려 말이야 그때뿐 아닌가? 그리고 그 자리에 모인 사람들에게만 영향을 줄 수 있고……. 자네의 사상을 널리 전달하기 위해서라도 글을 많이 쓰는 게 필요할 텐데…….

|라캉| 정신분석에 관한 기본 이론들이야 선생님 책으로 충분합니다. 저는 선생님이 발견하신 것이 우리 삶에 어떻게 적용되는지를 보여주는 것에 관심이 더 많아요. 이 시대의 소크라테스 Socrates, BC 469~399라고나 할까요.

|프로이트| 자네는 정말 소크라테스를 좋아하는 모양이군. 그래도 정신분석의 기본은 임상인데 자네는 임상을 어떻게 실천하고 있나? 모두들 자네를 철학자라고 부르기에 하는 소리네.

|라캉| 왜요, 릴Lille 거리 5번지에 있는 제 아파트에서 환자도 받고 사람들도 만나고 합니다. 선생님도 언제든 오십시오. 누구에게나 열린 공간입니다.

|프로이트| 누구에게나 열린 공간이라……. 사생활이 침해될 수도 있는데 대단한 실천이군. 그건 그렇고, 자네가 '프로이트로의 복귀'를 슬로건으로 내걸었다는 얘기는 나도 들었네. 그런데 내 제자들과는 왜 그렇게 사이가 안 좋은가? 나와 친한 분석가들은 대부분 자네를 극도로 싫어하던데…….

|라캉| 아! 국제정신분석협회 사람들 말씀이군요. 말이야 바른말이지, 지금 정신분석가 행세를 하는 인물들 중 선생님이 고민하신 것을 제대로 이해한 사람이 얼마나 됩니까? 제가 보기엔 선생님의 가르침을 오히려 왜곡시키는 바보들만 득실대는 것 같은데요.

|프로이트| 그럼 자네만 전적으로 옳다는 말인가? 오해가 있는지 모르겠지만, 자네 주장 중에 내가 수긍하기 힘든 것도 꽤 있는 것 같던데…….

|라캉| 지금 정신분석가들 중에 선생님이 정신분석이라는 학문을 만들면서 탐색한 주제를 저처럼 깊이 고민하는 사람도 없습니다. 창조성이라고는 요만큼도 없는 얼간이들뿐이거든요.

  라캉이 어깨를 들썩이며 흥분해서 세차게 시가를 빤다. 이때 갑판을 서성이던 융이 프로이트를 알아보고 다가온다.

|융| 프로이트 선생님! 오랜만에 뵙습니다. (라캉을 쳐다보며) 아!

라캉 박사도 함께 있었군.

|라캉| 안녕하세요, 융 박사님!

|프로이트| 자네가 어쩐 일인가? 또 미국에서 자네를 초청했나 보군. (못마땅하게 융을 쳐다본다) 강연은 좋지만 제발 내 유아성욕론을 비판하는 것은 삼가주게. 내가 자네를 그렇게 밀어줬는데, 인간적으로 내게 어떻게 그럴 수 있나?

|융| 라캉 박사도 있는데 선생님과 또 얼굴 붉히기는 싫습니다. 지난번 뮌헨에서는 토론 중에 선생님이 흥분해서 졸도하시는 바람에 제가 곤란했습니다. 선생님 덕에 공연히 저만 모진 사람이 되었어요.

|프로이트| 자넨 또 내게 책임을 돌리는군. 난 그래도 자네가 그렇게 국제정신분석협회 회장까지 내던지면서 단호하게 나를 떠날 줄은 몰랐네. 난 자네를 내가 창시한 정신분석학을 공고히 해줄 든든한 후계자라고 생각했는데, 자네는 생긴 것만큼이나 아주 냉정하네그려.

|융| 선생님의 그 독선적인 성격은 싫어도 여전히 선생님을 존경하고 있으니 그렇게 비꼬지는 마세요. 결별이야 제가 선생님의 입장을 받아들일 수 없었고, 선생님도 자신의 노선을 포기할 수 없었으니까 어쩔 수 없었지요. 이제 미련 없이 각자의 길을 가면

되지 않습니까.

|라캉| 융 박사님도 한때는 『꿈의 해석』의 열렬한 지지자셨는데 어떻게 이렇게 선생님과 완전히 결별했는지 모르겠네요. 하긴 융 박사님의 무의식 이론이 프로이트 선생님이나 제가 생각하는 것과 워낙 차이가 나지만……. 어쨌든 이왕 만났는데 차라도 한 잔하고 가시죠.

|융| 호의는 고맙지만 가보겠네. (프로이트 쪽으로 고개를 돌리며) 사실, 어젯밤 꿈을 꾸었는데 몹시 불안해서 심란한 마음에 이렇게 서성이고 있어요.

|프로이트| 왜 꿈에 또 내 유골이라도 보았나? 아니면 다가올 일에 대한 계시라도 받은 것인가?

|융| 칠흑 같은 밤 어느 고성古城 앞에 저 혼자 서 있는 거예요. 그런데 갑자기 성이 불타고 하늘이 열리면서 세 명의 천사를 따라 많은 사람이 내려오는 꿈이었어요. 너무 생생해서…….

|프로이트| 자네는 꿈에서 주로 오래된 성이나 큰불을 자주 보는군. 불과 많은 사람들을 봤다면 큰 전쟁이라도 생기겠는걸. 아니면 이 배에 불이라도 나든지.

|융| 선생님은 또 저를 놀리시는군요. 아무튼 제 개인적인 일과

제 꿈이 상관없는 것은 분명하지만 지금으로선 그 꿈에 대해 다시 생각하고 싶지 않네요.

|라캉| 어쨌든 생생하게 기억나는 꿈은 무언가를 알려주는 텍스트죠. 세 명의 천사라, 제 의견을 말해볼까요?

|융| 아니, 됐네. 라캉 박사도 나보다는 프로이트 선생님 편에 가까운 것으로 아는데, 우리 셋이 토론하다 보면 나만 왕따를 당할 것 같군. (프로이트를 쳐다보며) 저는 이만 가보겠습니다. (서둘러 일어나 자리를 뜬다)

|프로이트| 쯧쯧! 이왕 왔으면 차라도 한잔하지, 또 저렇게 융통성 없이 서둘러 가는군. 사실 나는 저 친구와 헤어지고서 너무 큰 충격을 받았네. 기대가 크면 실망도 크다고 나와 같은 길을 가기엔 자기 생각이 너무 뚜렷하더군.

|라캉| 선생님과 융 박사는 이론적으로 맞지 않습니다. 상징을 문화적 원형으로 보면서 집단 무의식을 강조하는 것이나 리비도의 중립성을 강조하는 것은 정신분석의 본래의 가르침에서 어긋난다고 봅니다.

|프로이트| 융은 내 이론이 너무 성적 편견에 치우쳐 있고, 개인의 역사만을 강조한다고 불만이 많았네. 그리고 여러 차례 토론했지만 견해가 좁혀지지 않더군. 하지만 리비도의 성적 본성이나,

무의식이 개인적 억압과 관계가 있다는 주장은 절대 포기할 수 없지.

|라캉| (조심스럽게 프로이트를 쳐다보며) 무의식은 오히려 초개인적인 상징계의 작용이라고 할 수 있죠. 무의식은 언어적 구조로 이루어져 있으니까요.

|프로이트| 자네는 내가 『꿈의 해석』이나 『일상생활의 정신병리학』 등을 쓰면서 서술적 무의식의 메커니즘에 관해 관심을 집중하던 시기의 연구에 지나치게 의존하는군. 하긴 무심코 내뱉는 말이 무의식의 진실을 보여주긴 하지만……. 그래도 억압된 사물 표상들이 무의식의 본질을 이룬다고 말하는 것이 더 정확하지.

|라캉| 저도 선생님 생각에 원칙적으로 동의합니다. 다만 억압된 것은 기억이 아니라 무의식의 질료인 시니피앙으로 보는 게 선생님이 겨냥하는 본래 의도에 더 부합된다고 봅니다.

|프로이트| 본래 의도라? 물론 무의식을 나처럼 또 다른 장면이라고 말하는 것이나 자네처럼 타자의 담론이라고 말하는 것이나 둘 다 의식의 분열을 말한다는 것은 마찬가지지. 나도 자네의 입장이 나를 완전히 뒤집는다고 생각하지는 않아. 그런데 자네는 정신분석학을 너무 철학적으로 재해석하는 경향이 있어.

|라캉| 철학에 대해서는 너무 걱정하실 필요가 없습니다. 저는 다

만 선생님이 두 차례의 정신 기구 모델을 통해 말씀하신 내용을 다듬고 발전시키기 위해 철학을 이용하는 것뿐입니다.

|프로이트| 음! 철학을 이용한다……. 철학자들은 세계를 지나치게 관념적으로 해석해. 나는 죽음 충동 개념을 구상하던 시기에 쇼펜하우어를 읽기는 했지만, 그래도 철학이 늘 위험하다고 생각하고 경계했네. 정신분석은 무엇보다도 과학이니까 말이야.

|라캉| 정신분석은 인문학의 새로운 혁명을 선도할 무의식의 과학입니다. 저도 정신분석이 과학에 속한다는 것에는 동의합니다. 그러나 통속적으로 생각하는 그런 과학은 절대로 아니죠. 오히려 불가능한 대상들을 탐구하고 규명하면서 진리의 새로운 가능성을 보여준다는 의미에서 불가능한 대상을 다루는 새로운 과학이죠.

|프로이트| 사람들이 자네를 두고 언어의 연금술사니 시인이니 하고 평하는 얘기를 들었네만, 자네는 너무 현학적으로 접근하는 것 같군. 정신분석은 구체적이어야 하네.

|라캉| 선생님의 메타심리학은 선생님 시대의 과학 모델에 지나치게 의존하고 있습니다. 오히려 무의식의 본질은 언어학과 철학의 최근 성과들과 접목시킬 때 보다 과학적으로 규명될 수 있다고 봅니다.

| 프로이트 | 그런가? 나도 전부터 물어보고 싶었네만, 자네는 메타심리학의 세 가지 원리인 역동성, 위상학성, 리비도 경제학을 아주 철저하게 배격하는 것 같더군. 도대체 자네 이론에서 어디까지가 나의 입장에 충실한 것인지 알려줄 수 있나?

| 라캉 | 저는 선생님이 후기에 강조하신 죽음 충동과 이드, 자아, 초자아의 정신 기구 모델을 상상계, 상징계, 실재계라는 개념을 통해 세련되게 설명한 것뿐입니다. 선생님의 후기 발견의 중요성에 주목한 사람은 클라인 여사하고 저뿐이라고 할 수 있죠. 선생님의 고지식한 제자들은 대부분 자아의 강화가 정신분석의 목표라고 하면서 선생님의 의도를 배반하고 있습니다.

| 프로이트 | 나도 내 제자들이 죽음 충동을 신화에 가깝고 사변적이라며 거부하는 것을 보고 충격을 받았네. 하지만 정신분석이 치료를 목표로 한다면 자아의 강화는 어느 정도 필요하겠지.

| 라캉 | 분석이 치료에서 끝나면 안 된다고 봅니다. 오히려 진정한 욕망을 발견하고, 그것에 대해 제대로 관계를 갖도록 도와주는 게 정신분석의 본래 역할이라고 봅니다.

| 프로이트 | 나도 정신분석을 의학의 한 분야처럼 간주하는 태도는 몹시 싫어하네. 특히 미국 사람들은 나의 이론을 가져다가 교육과 상담 이론처럼 편리하게 활용하더군.

|라캉| 커피 좀 드시죠. 식겠습니다. …… 선생님은 왕성하게 연구를 수행하시면서 때로는 과감하게 입장을 수정하시고 새로운 생각을 채택하는 데 주저하지 않는 용기를 보여주시니 정말 존경스럽습니다.

|프로이트| 고맙네. 학자라면 먼저 자신의 입장에 대해 누구보다도 비판적 안목을 가져야 하지. 자네는 예술가들과도 교류가 많다고 하던데. 나하고는 좀 취미가 다른 것 같네. 예전에 달리라고 하는 화가가 내게 찾아와서 자기가 무의식을 그렸다면서 보여주더군.

|라캉| 아! 살바도르 달리 말씀입니까? 후후…… 괴짜로 소문이 나 있지만 나름대로 진지한 친구지요. 제가 그 친구를 좀 압니다. 선생님과의 얘기도 그 친구에게 직접 들었고요. 선생님이 자기 그림에 큰 관심을 보이지 않았다고 무척 서운해하던데요. 그 친구는 편집증적 사고와 무의식적 현실을 이미지로 표현하려고 노력을 많이 했지요.

|프로이트| 무의식을 그림으로 표현하는 게 말이 되나? 그 친구는 내가 자기를 천재로 인정해주기를 바란 것 같은데, 무의식은 그런 게 아니지. 하여간 화가나 예술가 들은 뭔가 대단한 세계를 자기 혼자 보는 것처럼 우쭐해 한단 말이야! (못마땅한 표정으로 시가에 불을 붙인다)

|라캉| 오히려 철학자들보다 예술가들이 진리에 더 가까울 때가 많습니다. 철학은 개념과 인식 자체에 너무 매여 있다 보니, 그것에서 빠져나가는 것을 보지 못하지요. 반면에 예술가들은 창조 활동을 통해 언어가 놓치는 것을 직접 만나고 체험합니다. 선생님도 예술을 좀 더 너그럽게 봐주시죠.

|프로이트| 철학, 예술, 종교는 세계에 대한 대표적인 세 가지 환상이지. 그것들은 과학적 세계관과는 거리가 있네. 잘못하면 정신분석의 진지함을 훼손할 수가 있어.

|라캉| 정신분석이 철학이나 예술을 어떻게 활용하느냐가 중요하다고 봅니다. 선생님은 정신분석을 너무 엄격하게 임상 영역에 제한하시는 경향이 있습니다. 전 오히려 제자들에게 좋은 분석가가 되기 위해 문학적 소양을 많이 쌓고 예술가들과도 많이 어울리라고 권합니다.

|프로이트| 나도 셰익스피어^{William Shakespeare, 1564~1616}나 도스토옙스키^{Fyodor M. Dostoevskii, 1821~1881}의 작품은 많이 얘기했네. 『햄릿^{Hamlet}』이나 『카라마조프의 형제들^{Brat'ya Karamazovy}』(1880)은 오이디푸스 이론의 정당성을 잘 보여주지. 작가들이 오이디푸스 콤플렉스를 문학적으로 표현하는 것은 정말 생생할 때가 많네.

|라캉| 그렇지만 선생님은 예술작품을 한갓 분석의 보조 수단이나 무의식의 단서로만 보시잖아요. 저는 예술이 상징계와 실재

의 긴장 관계를 잘 보여주면서, 실재로 향하는 죽음 충동을 그 자체로 보여주는 것 같아 끌립니다만.

|프로이트| 죽음 충동은 그렇게 신비한 개념이 아니네. 오히려 유기체가 자신이 원래 기원한 곳으로 돌아가려는 회귀 본능 같은 거랄까? 왜 니체도 영겁 회귀永劫回歸; Ewige Wiederkunft를 얘기하지 않았나?

|라캉| 선생님이 말씀하시는 죽음 충동이나 무의식적 소원은 상징계와 주체의 관계를 규명할 때 그 본질이 제대로 해명될 수 있습니다. 말하는 존재인 인간은 결국 결여된 존재이고 죽음 충동에 시달리는 비극적 존재이니까요.

|프로이트| 항상 모든 것을 언어와 연관시키는군. 그럼, 만족을 모르고 인간을 불가역적 충동으로 끌고 가는 리비도에 대해서는 뭐라고 설명하나? 인간을 성적 존재로 만드는 역동적 에너지 리비도 말이야. 그것도 언어에 속하나?

|라캉| 선생님은 제가 말하고자 하는 것이 무엇인지 아시면서 일부러 외면하시네요. 저는 언어 자체를 강조하는 게 아니라 그것이 주체에게 남기는 효과에 주목하는 것입니다. 리비도는 수량적으로 증감되는 육체적 에너지가 아니라 결여에 대한 반작용 같은 것 아닙니까? 언어로 지칭할 수 없는 결여에 대한 체감, 상실의 효과, 그런 것의 총체가 리비도지요. 선생님도 성적 충동이

그렇게 인간을 강하게 사로잡는 것은 무언가 채우지 못하는 것이 있기 때문이라고 보셨지 않습니까?

| 프로이트 | 그렇지. 플라톤의 『향연^{Symposion}』에 나오는 양성 인간의 신화처럼 무언가 잃어버린 것을 찾을 수 있도록 끌어주는 힘이 에로스지. 인간이 본질적으로 결여된 존재라는 자네의 주장은 타당하네. 그러나 성적 충동의 역동성을 가정하기 위해서는 이드에 속하는 역동적 힘을 인정해야 해. 그것을 상징계의 작용으로만 설명하기에는 뭔가 부족하지 않나? 자네가 무의식의 법칙을 지나치게 상징계의 작용과 연관시키면서 역동성을 부정한다고 비판하는 정신분석가들이 많이 있네.

| 라캉 | 다른 사람은 몰라도 선생님은 제가 왜 선생님의 메타심리학 개념을 수정하고 새롭게 보완하는지를 이해해주시리라 믿습니다. 인간이 언어를 통해 상징계의 질서로 들어오면서 주체가 되기 때문에 무의식적 욕망이 시작된다는 게 제 강조점입니다. 언어는 언제나 사물의 살해 위에서만 작용하고 결여를 낳기 때문이지요. 저는 언어만이 아니라 그것에서 벗어나는 실재에 대해서도 많이 강조합니다. 실재는 상징화되지 않지만 상징계에 대해 늘 자신의 존재를 과시하는 절대적 영역이죠.

| 프로이트 | 자네가 말하는 주이상스라는 것도 실재와 연관되지? 말로 표현하기가 불가능한 대상인 물^{Ding}이 주이상스의 대상이라 했던가? 사실 물은 아이가 최초로 체험한 만족의 기억이 흔적처

럼 남아 있는 원초적 몸을 말한다고 할 수 있지. 죽음 충동도 따지고 보면 물을 되찾으려는 의지이고…….

|라캉| 융 박사는 몰라도 저는 무의식에 대해 선생님과 같은 입장을 언제나 고수하고 있습니다. 비록 국제정신분석협회에서 저를 인정하지 않지만 제가 선생님 이론을 가장 충실하게 계승하고 있는 것에 대해서는 확신을 하셔도 됩니다.

|프로이트| 어이쿠, 잠깐 커피 한잔하려고 했는데 시간이 많이 흘렀네. …… 음? 그런데 저기 보이는 게 뭔가? 빙산 아닌가? 그런데 왜 이렇게 사람들이 많이 나와서 우왕좌왕하지?

　갑자기 타이타닉호 선체가 거대한 무언가에 긁힌 듯 굉음을 울리며 흔들린다.

|라캉| 빙산이 맞네요. 뭔가 일이 생긴 듯합니다. 배가 온통 소란스럽네요. 이봐요, 승무원! (지나가는 승무원을 부른다) 도대체 무슨 일이오?

|승무원| 사고가 났습니다. 아무래도 배가 빙산에 부딪쳐서 손상된 것 같습니다. 큰일이야 없겠지만 만약을 위해 선장님이 대피 명령을 내렸습니다.

　갑자기 쏟아져 나온 승객들 때문에 갑판 위는 순식간에 아수라장이

된다. 중앙 관제실에서 안내 방송이 계속 흘러나오고, 가족과 일행의 이름을 부르는 다급한 목소리들이 여기저기서 들려온다. 구명보트 주변으로 사람들이 우르르 몰리고, 그 과정에서 이리저리 치이고 떠밀리는 사람들이 비명을 지르고 있다. 프로이트와 라캉은 이 모든 광경을 물끄러미 바라볼 뿐이다.

|프로이트| 현대 과학의 총아인 이 배가 고작 얼음덩어리에 충돌해 이렇게 침몰하고 있으니 어처구니없군. 이게 바로 이성의 한계지, 한계…….

|라캉| 휴! 한 치 앞을 보지 못하는 게 인간이지요. 선생님이 무의식을 강조하고 정신분석학을 창시한 것도 따지고 보면 데카르트 이래로 이성이 인간의 삶을 설명하는 데 많은 한계를 보여주었기 때문 아닙니까?

|프로이트| 그렇지! 저 빙산처럼 물 위에 떠 있는 부분보다 보이지 않는 부분이 더 큰 것이 무의식이지. 이성을 좌초시키는 것도 언제나 무의식이고 말이야.

|라캉| 그러고 보니 우리가 함께 타고 있는 이 배의 운명이 마치 죽음 충동으로 치닫는 무의식적 욕망을 보여주는 것 같네요.

|프로이트| 맞네! 죽음은 늘 우리 곁에 있으니 좀 친해질 필요가 있는데 말이야. 그건 그렇고 자네 빨리 구명보트에 오르는 게 낫지

않나? 시간이 지나면 자리가 없을 텐데.

|라캉| 아이들과 여자들 먼저 태우는 모양인데, 제가 탈 자리가 있을까요? …… 선생님은요? 침몰하는 이 배에 머무르시려고요?

|프로이트| 글쎄, 솔직히 잘 모르겠네. 이 배에 남고 싶기도 하고, 어떻게든 살아보고 싶기도 하고……. 솔직히 어떻게 할지 모르겠네. 자네는 어떻게?

라캉은 묵묵히 바다를 바라보며 시가를 핀다.

|프로이트| 그러고 보니 융이 꾸었다는 꿈이 현실처럼 되었군. 인간의 운명이란, 참…….

충돌 부위에서부터 물이 차오르기 시작한 타이타닉호는 급기야 뱃머리 쪽부터 물의 무게를 이기지 못하고 해수면 밑으로 들어가면서 앞으로 고꾸라지는 양상이 된다. 이윽고 정전이 찾아왔고 굉음과 함께 선체는 두 동강이 나버린다. 마침내 타이타닉호는 침몰하기 시작한다.

Sigmund Freud

Chapter 4

 이슈
ISSUE

Jacques Lacan

🔖 이슈

성차, 본질적인 차이인가, 후천적인 차이인가?

　어머니의 젖을 먹는 어린아이를 볼 때 사람들은 자주 아기가 남자인가 여자인가를 질문한다. 아기의 겉모습만 봐서는 남녀의 차이를 쉽게 구별할 수 없기 때문이다. 그렇지만 어느 정도 나이가 되면 남자아이와 여자아이의 구별이 훨씬 쉽다. 옷차림이나 외모 같은 외형적 특징도 그렇지만, 하는 행동도 남자아이와 여자아이가 많이 다르기 때문이다. 일반적으로 남자아이들이 떼를 잘 부리며 거칠고 공격적이라면, 여자아이들은 순하고 얌전하며 애교가 많다. 그리고 남자아이들이 바지를 즐겨 입고 트럭이나 총, 칼 등을 가지고 놀려고 하는 반면, 여자아이들은 치마를 좋아하고 인형이나 소꿉놀이를 좋아한다. 아동에 따라 개인차도 존재하지만 대체로 5세 이상의 아이들은 성차에 대해 인식하면서 스스로의 성적 정체성도 갖기 시작한다.

　남녀의 성차에 대해, 어떤 부모들은 아기가 태어났을 때부터 남자아이라 울음소리가 더 크다느니, 여자아이라 유순하다면서 선천적으로 구별이 확연하다고 말한다. 반면에 양육과 문화의 결정성을 강조하는 사람들이나 여성주의자들은 남녀의 차이가 성장 과정에서 사회적 기대감을 수용하면서 형성되는 것이라고 말한다. 예컨대 실존주의 철학자이자 자전적 소설로 유명한 시몬 드 보부아르$^{Simone\ de\ Beauvoir,\ 1908~1986}$*는 "여자는 여자로 태어나지 않는다. 여자가 되는 것이다"라는 유명한 말을 통해 성차가 후천적임을 강조했다. 섹스^{sex} 대신 젠더^{gender}의 구별이 더 중요하다고 말하는 사회학이나 페미니즘 진영의 입장도 보부아르와 맥을 같이한다. 섹스가 생물학적인 의미의 성, 신체적인 구별을 뜻하는 반면 젠더는 사회적 의미의 성을 의미하는데, 여성주의자들은 젠더 개념을 통해 성차의 선천성을 부정하고 성을 문화적인 것에 연결한다.

아이가 성장하면서 처음으로 배우는 구별이 남자와 여자다.

시몬 드 보부아르

프랑스의 실존주의 철학자이자 소설가. 평생의 반려자인 철학자 장폴 사르트르(Jean-Paul Sartre, 1905~ 1980)와의 계약결혼으로 유명했지만 그 못지않은 왕성한 작품 활동을 했다. 특히 1949년에 발표된 『제2의 성(Le Deuxième Sexe)』을 통해 여성 운동에 큰 영향을 주었다. 보부아르는 이 책에서 여성을 제2의 성으로 규정하면서, 남녀의 차이가 선천적이 아니라 양육과 문화를 통해 사회적인 통념을 강화시키면서 형성된다고 주장했다. 『제2의 성』은 급진적 페미니즘에 대항해 여성다움과 여성적 존재의 특수성을 강조하고 이를 새롭게 사유할 것을 강조하였기 때문에 많은 여성주의 운동가들이 새로운 해방의 대안처럼 받아들였다.

성차의 구별을 출발점으로, 인종, 민족, 세대, 계급 등 추가적인 구별과 범주화가 가능해진다. 그렇다면 남녀의 차이는 원래부터 생물학적 요인이나 유전 프로그램에 의해 선천적으로 결정되는 것인지, 아니면 사회화 과정을 통해 2차적 징후로 형성되는지를 진지하게 생각해볼 필요가 있다. 문화권에 따라 차이는 있지만 전통적으로 남녀의 차이와 역할 분담은 자연스러운 현상으로 받아들여져왔다. 하지만 전통적인 입장은 성의 차이를 대등한 관점에서 접근하기보다는 남성 우월론적 입장을 정당화하는 논거로 활용해왔으며 그 근거도 취약한 편이다. 예를 들어 아리스토텔레스는 "원래 남성은 여성보다 지도와 관리에 적합하다. 여성이 이러한 분야에 재능이 있는 것은 아마도 자연에 반하는 일일 것이다"라고 말했으며, 칸트는 "여성들의 지혜는 이성에서 오는 것이 아니라 감성에서 유래한다"라고 하면서 차별을 정당화했다. 심지어는 자유와 평등을 강조한 계몽주의 철학자들조차 여성을 남성보다 열등한 존재로 보았다. 성차별적 편견을 바탕으로 삼은 주장들은 과학적 근거가 부족하고 관습적인 견해를 대변한 경우가 많았다.

그러나 19세기 미국에서 불붙은 여성의 참정권 획득 운동을 시작으로 여성주의가 활발해지면서 성차별을 정당화하는 논리들은 여지없이 공격당한다. 이제 남녀의 차이보다는 인간으로서의 동질성이 더욱 강조된다. 급진적 여성주의자들은 성차가 사회적으로 조장된 편견일 뿐이라고 주장하면서 성차를 완전히 부정하기도 한다. 이들은 여성의 해방을 이루기 위해서는 남성과 똑같이 행동하고 똑같은 역할을 해야 한다고 하면서 여성성을 원천적으로 거부하기도 한다.

그렇지만 보부아르가 비판했듯이 성급하게 성차를 부정하는 것은 여성의 억압된 현실과 특수성을 외면하는 심리적 열등감일 수도 있다. 그리고 현실에 엄연히 존재하는 성차별과 대중의 통념은 관념적으로 남녀의 차이를 부정함으로써 해결할 수 있는 게 아니다. 최근에는 다윈주의를 계승한 진화심리학 evolutionary psychology이라는 강력한 분야가 대두되어 여성과 남성의 차이를 과학적 근거를 통해 설명하려고 한다. 진화심리학은 남녀의 성차와 성 행동을 유전과학의 성과를 토대로 진화론적 관점에서 설명하는 학문 분야다. 진화심리학은 성적 정체성이 오이디푸스 콤플렉스를 통과하면서 형성된다는 정신분석의 입장과는 대척점에 서 있다고 할 수 있다.

진화심리학의 성차 이론

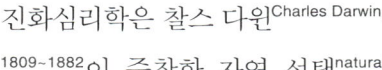

진화심리학은 찰스 다윈 Charles Darwin, 1809~1882이 주창한 자연 선택 natural selection*에 부합하는 적응 메커니즘을 통해 인간의 사회적 행동 및 심리의 기원과 태도를 설명한다. 진화심리학은 성뿐 아니라, 정치적 행동, 사회 구조의 형성, 경제학, 공격성과 전쟁 등 제반 영역의 연구에 적용된다. 여기서는 특별히 성에 대해 진화심리학이 보이는 태도에 집중하면서 그것을 정신분석의 성차 이론과 대립시켜 살펴보고자 한다.

진화심리학은 남녀의 신체 구조와 호르몬의 차이, 특히 뇌의

해부학적 차이를 강조하면서 성차 발생을 생물학적 차원으로 끌고 간다. 또한 인간의 성 활동과 태도 역시 유전자를 후세에 넘기려는 본능적인 생존 전략으로 설명한다. 진화심리학을 널리 대중화한 석학 리처드 도킨스$^{Richard\ Dawkins,\ 1941\sim}$는 자신의 주저『이기적 유전자$^{The\ Selfish\ Gene}$』(1976)에서 인간을 "유전자에 미리 프로그램된 대로 먹고 살고 사랑하면서 자신의 유전자를 후대에 전달하는 임무를 수행하는 존재"라고 정의한다. 인간을 포함한 생명체는 결국 유전자의 자기 보존 논리에 지배받는 유전자의 꼭두각시이며, 생존의 목적은 자기와 비슷한 유전자를 조금이라도 많이 지닌 생명체를 도와 유전자를 후세에 남기는 것임을 강조한다. 그리고 남녀의 신체적 차이와 임신에서의 역할이 다르기 때문에 성에 대한 태도와 심리도 남녀가 근본적으로 다를 수밖에 없음을 강조한다. 예를 들어 도널드 시먼스$^{Donald\ Symons}$는『섹슈얼리티의 진화$^{The\ Evolution\ of\ Human\ Sexuality}$』(1979)에서 남녀 사이의 주요한 성 행동의 차이를 번식 전략과 연관시켜 요약하는데 그 핵심은 다음과 같다.

■ 자연 선택

자연 선택은 특정 자연환경이 생존에 적합한 개체 혹은 집단을 선택한다는 개념으로, 다윈 진화론의 핵심을 이룬다. 생물 개체는 같은 종이라도 환경에 적응하면서 여러 가지 변이를 나타내게 되는데, 이 변이 중에서 생존과 번식에 적합한 변이만이 선별적으로 자연에 의해 선택되어 후대에 계승된다는 이론이다. 즉 자연환경에 적응하기 위해 개체들 간 생존 경쟁이 발생하며 우월한 개체나 종만이 살아남게 된다.

- **남성** 될 수 있는 한 다수의 성 파트너와 성관계를 맺으려고 하면서도, 암컷의 성은 강력하게 통제하려고 한다. 시각적인 자극에 민감하며 건강하고 젊은 여성을 선호한다.
- **여성** 선택적으로 성관계를 맺으려 하고, 이성에 대한 독점욕이 상대적으로 강하지 않다. 시각보다는 다른 복합적 요인에 의해 성적인 자극을 받는다.

남자들의 바람기나 외도, 낯선 여자에 끌리는 심리나 질투는 결국 자신의 씨를 될 수 있는 한 많이 퍼트리려는 수컷 유전자의 전략에서 비롯된다. 여성이 관계에 민감하고 정서적인 것도 아이를 임신하고 수유하며 키워야 하는 필요성과 관계있다. 성에 대한 남녀의 상이한 태도는 정도의 차이만 있을 뿐 동물의 그것과 크게 다르지 않다. 이러한 입장은 다윈의 성 선택* 이론의 현

■ **성 선택**

동물의 짝짓기에서 우수한 유전자나 특이성을 가진 개체가 선택됨으로써 자손 번식에서 유리한 입장에 서도록 돕는 선택 메커니즘을 말한다. 다윈은 공작 수컷의 화려한 꼬리를 그 예로 들었다. 공작의 꼬리는 자연 선택에는 별다른 도움을 주지 못하지만 암컷을 유혹하는 데는 아주 유용하다. 생물의 암컷과 수컷 사이에는 서로 간에 선호하는 특정한 형질이 있기 때문에, 선호되는 형질을 가지고 있는 생물이 더욱 많은 자손을 남겨서 해당 형질이 강화된다는 것이 바로 성 선택 이론의 골자다. 이 이론은 인간의 남녀 관계에도 적용된다. 남자들이 보통 젊고 아름다운 여인을 좋아하는 것은 임신의 가능성이 그만큼 크고 건강한 아이를 출산할 가능성이 많기 때문이다. 여자들이 경제적 능력이 많은 남자를 선호하고 키 큰 남자에 끌리는 것도 마찬가지 이유다.

대판 버전이라 할 수 있다.

 성 선택 이론이 채택되기 위해서는 남녀의 선천적인 유전학적 차이가 강조되어야 한다. 이와 관련해서 임상심리학자인 레너드 색스^{Leonard Sax}는 국내에도 소개된 『남자아이 여자아이^{Why Gender Matters}』(2005)라는 책에서 남녀의 성별 구분이 해부학적인 것에서 비롯됨을 강력하게 주장한다. 예를 들어 사춘기 소녀들의 경우 감정과 연관된 뇌 활동이 대뇌 피질로 이동하는데, 대뇌 피질은 사고, 추리, 언어 등과 같은 고등 인지 기능을 담당하므로 여자들은 감정의 미세한 변화를 별 어려움 없이 표현할 수 있다. 반대로 소년들의 경우 감정과 연관된 뇌 활동이 편도에서 이루어지기 때문에 감정 표현에서 여자들보다는 서툴다는 것이다. 남자아이들이 모빌처럼 움직이는 물체에 민감하고 트럭 같은 장난감을 좋아하는 것이나 여자아이들이 사람의 얼굴 표정을 더 잘 읽고 인형을 좋아하는 것도 시신경 세포 구조와 자극 전달 방식이 서로 다르기 때문이라고 설명한다. 색스는 남녀의 차이를 인정하면서, 성차를 교육과 육아에 적절히 적용할 것을 강조하기 위해 책을 썼지만, 이런 입장은 위에서 본 진화심리학과 궤를 같이한다. 결국 성은 만들어지는 것이 아니라 타고난다는 것이 이들의 공통된 주장이다.

정신분석의 성차 이론

프로이트는 인간이 본래 양성적 존재임을 강조한다. 다시 말해 여성과 남성을 명확하게 가르는 해부학적 차이가 존재하는 게 아니라, 인간 자체는 심리적으로 봤을 때 남성과 여성 둘 다로 발전할 수 있는 여건을 갖추고 있다는 것이다. 프로이트가 설명했듯이 성적 차이는 오이디푸스 콤플렉스를 극복하면서 발생하며, 그것을 가능하게 하는 주요한 메커니즘은 아버지나 어머니에 대한 동일시다. 남자아이는 거세 콤플렉스 때문에 어머니에 대한 성애적 욕망을 포기하고 아버지처럼 여자를 소유하기 위해 아버지로 대표되는 남성성에 자신을 동일시한다. 여자아이는 반대로 남근 선망 태도 때문에 아이를 갖기 위해 아버지를 사랑하며 어머니와 같은 여성의 성적 위치에 스스로를 동일시한다. 프로이트는 남성의 특성은 적극성으로, 여성의 특성은 소극성으로 규정한다. 남성은 자신이 남근을 갖고 있다고 믿는 위치이고 여성은 결여된 남근을 남성에게 구하는 입장이기 때문이다.

한편 오이디푸스 콤플렉스의 진행 과정에서 남자아이가 소녀처럼 아버지의 사랑을 원하고 어머니에게 질투를 느끼는 오이디푸스의 소극적 형태가 나타나기도 하며, 이는 소녀의 경우도 마찬가지다. 오이디푸스 콤플렉스는 완전히 극복되는 것이 아니기 때문에 아이는 성장한 이후에도 오이디푸스 이전의 시기로 퇴행하려는 모습을 보이기도 하며, 이 경우 부모에 대한 양가적 태도가 복잡하게 다시 작용한다. 프로이트의 성차 이론은 선천적 요인의 결정성보다는 사회, 문화적인 결정성을 강조하는 문화인류

학적 입장에 더 가깝다.

라캉은 프로이트의 성차 이론을 계승해 성차의 발생을 상징계에서 주체의 자리 잡기를 통해 설명한다. 물론 상징계에서 여성성과 남성성을 완벽하게 대칭적으로 보장해주는 기표는 존재하지 않기에 성차 분화는 언제나 불균형적으로 이루어질 수밖에 없다. 남성은 상징적 질서에서 자신의 성적 위치를 보편화하기 쉬운데, 이는 영어의 '맨^{man}'이나 프랑스어의 '옴므^{homme}'가 남자와 인류를 동시에 의미하는 것을 봐도 알 수 있다. 우리말의 용법에서도 통상적인 인간을 말할 때는 은연중에 그것이 남성적 입장과 동일시된다. 예를 들어 '인간이라는 종은 동족을 쉽게 죽이는 참으로 잔인한 존재야!'라고 말할 때 인간은 남성과 여성 모두를 포괄하지만 그 본성은 남성적인 것에 의해 대표된다.

라캉은 남성과 달리 여성은 언제나 남성과의 대립적 관계를 통해서만 그 위치가 규정되며, 보편성에 의해 정의되는 것이 불가능하다고 설명한다. 여성은 이미 인간이라는 보편적 범주를 남성에게 내주었으므로, 독립적인 종으로 상징계에서 위치를 규정하기가 힘들다는 뜻이다. 라캉은 성의 문제와 여성성에 대한 주제를 탐구 대상으로 삼은 세미나 제20권 『다시^{Encore}』에서 "성관계는 없다"라고 단언한다. 언뜻 들으면 궤변 같은 라캉의 주장은 남자와 여자가 성교를 나누는 게 불가능하다는 게 아니라 상징계에서 남자 기표와 여자 기표의 결합은 불가능하다는 뜻이다. 라캉은 남성과 여성이 해부학이 아니라 상징계에서 성을 대표하는 기표인 남근^{phallus}에 대한 태도에 따라 구별된다고 말하는데, 상징계로 진입하는 주체는 본성상 남성적이다. 여성의 위치는 오히려 상징계의 기표가 아니라 결여 자체에 대한 동일시를 통해 설정된다. 그러므로 여성은 오히려 상징계의 대리자이면서 결여된 존재인 신비한 대타자 자체에 가깝다. 여성이 신비화되고 정체를 규정하기 힘든 것은 이 때문이다.

 정신분석의 성차 이론은 생물학적 결정성을 부정하고 상징계와 문화의 작용을 강조하기 때문에 성도착의 원인과 양상을 설명하는 데 훨씬 유용하다. 예를 들어 진화심리학의 입장에서는 동성애가 발생하는 이유나 트랜스젠더, 즉 자신의 생물학적 성을 부정하고 성을 전환하려는 태도를 설명하기 힘들다. 남녀의 유전학적 차이가 명확하다면 동성애나 트랜스젠더는 일종의 유전적 결함이 되기 때문이다. 하지만 현대에 와서 남녀의 성차를 유발하는 호르몬의 작용이나 해부학적 연구 성과가 계속해서 새롭게 제시되기 때문에 생물학적 입장을 완전히 경시하기도 힘들다. 남자와 여자의 차이는 어떻게 보면 정신분석이나 진화심리학 어느 하나의 입장을 통해서는 완벽하게 설명하기 힘들다. 인간의 성이 그만큼 복잡하기 때문이다.

사랑의 환상

에로스, 즉 사랑을 주제로 삼은 플라톤의 대화편 『향연』은 남자와 여자가 서로를 사랑하고 절실하게 찾게 된 기원에 관한 이야기가 있다. 바로 '양성 인간' 이야기다. 플라톤은 아리스토파네스Aristophanes의 입을 빌려 인간의 성별이 본래 세 가지였다고 말한

다. 태양의 자손인 남성, 지구의 자손인 여성, 그리고 달의 자손인 남녀 양성 인간이 그들이다. 세 번째 인간은 다음처럼 묘사되어 있다.

> 그들은 온몸이 둥그렇게 되어 있었으며, 손발이 넷씩 달려 있고, 둥근 목 위엔 얼굴이 둘 달려 있었으며, 등은 서로 맞대 얼굴 가운데 하나로 되었고, 귀는 넷이며, 생식기가 둘, 그 밖의 모든 것도 이것과 결부시켜 상상할 수 있는 것이다. 『향연』

양성인간은 힘이 굉장히 세고 기품이 고상하며 능력도 출중해 마침내 신들에게도 위협이 되었다. 이에 제우스는 남녀 양성 인간을 둘로 쪼개고 아폴론^{Apollōn}으로 하여금 상처를 꿰매게 해 반쪽으로 만들었다. 우리 몸의 배꼽은 이 상처를 봉합한 흔적이라고 한다. 둘로 분리되었지만 원래 인간은 남성과 여성의 몸과 속성을 함께 가지고 있었다는 게 신화의 설명이다. 이때부터 갈라진 양성 인간은 잃어버린 반쪽을 찾아 헤매면서, 다시 결합하여 최초의 몸을 되찾으려고 한다. 플라톤에 의하면 에로스적 사랑이란 인간과 인간을 결합시켜 본래의 모습으로 돌아가려는 것, 즉 두 사람을 한 몸으로 만들어 최초의 몸을 되찾으려는 것이다. 양성 인간은 원래 하나였으며 하나 됨에 대한 동경이 늘 마음속에 있기 때문에 자기의 짝을 만나면 필사적으로 결합하려 한다. 성경에서도 남자와 여자는 본래 한 몸에서 나왔으며, 둘이 결혼함으로써 다시 한 몸을 이룬다고 설명한다.

사랑에 대해 회자되는 많은 이야기나 노래들도 플라톤의 『향연』처럼 하나 됨을 찬양한다. 혼자서는 외롭고 힘들지만 둘이 함께라면 어떠한 고난과 시련도 극복할 수 있으며 그것이 사랑이라고 말한다. 그러나 과연 그러한가? 서로의 차이를 극복하고 하나가 되는 것이 과연 가능한 일이며, 또 그렇게 하나가 되는 것이 행복을 보장해주는가? 둘의 차이를 극복하고 하나가 된다는 것은 실은 하나가 다른 하나에게 복종하는 것으로 흐르기 쉽다. 존재란 각각의 개체에게서 지속되는 것이지 획일적인 일자로 돌아가는 데서 찾아지는 것이 아니기 때문이다.

 라캉은 자신의 성차 이론을 근거로 하나 됨이 불가능한 환상이고, 필연적으로 타자에 대한 폭력으로 흐를 수밖에 없다고 설명한다. 남자와 여자는 본래 서로에 대해 오해하고 절대 만날 수 없는 어긋난 위치를 점하고 있다. 성차 이론에서 보았듯이 남성적 입장은 거세된 존재이면서 스스로 남근을 가지고 있다고 착각하는 위치다. 그런데 남근은 존재 결여의 기표로서, 그것은 결여된 빈 공간에 온갖 보충적인 것들을 채우도록 주체를 압박하는 악마의 막대기다. 그러므로 남성적 입장은 타자를 대상으로 삼아 존재 결여를 채우면서 금지된 향유를 실현해보려는 이기적 존재이기도 하다. 결국 대상으로 환원될 수 없는 파트너를 존재 결여를 채워주는 환상의 희생양으로 삼으면서 그것을 사랑의 실현이라고 생각하는 게 남성 주체의 모습이다. 그래서 라캉은 남성에게 여성은 실재가 아니라 언제나 환상적 대상 혹은 물신으로만 남는다고 강조한다. 환상은 그 환상이 식으면, 다른 대상에게 쉽게 전이된다.

 남성 주체의 입장은 물론 논리적인 위치이기에 생물학적인 여

성에게도 똑같이 적용될 수 있다. 그것은 타자의 절대성과 차이를 인정하지 않고, 타자를 자기 존재 결여의 대상으로 삼는 주체의 위치를 말하기 때문이다. 남성적 사랑의 전형을 우리는 스토킹에서 찾아볼 수 있다. 그것은 사랑의 이름으로 상대를 나의 소유물로 삼으려는 잘못된 집착이며, 타자를 대상화하면서 그를 통해 나의 부족만을 채우려는 이기적 사랑이기에 쉽게 폭력으로 변한다. 오히려 진정한 사랑은 상대를 놔주는 것이지만 스토커들은 상대가 자신과 합일하지 못하는 것을 견디지 못한다.

라캉은 여성적인 위치에서 새로운 사랑의 가능성을 찾을 것을 주문한다. 여성은 일자를 꿈꾸지 않고 차이를 인정하는 비동일성의 논리다. 라캉은 남성적 위치를 일자의 논리로, 여성의 위치를 '전체가 아님$^{\text{pas-toute; not-all}}$'의 논리로 설명한다. 일자의 논리란 초월적인 존재자인 일자만을 예외로 두고 나머지 존재자들의 보편적 지위를 주장하는 논리이다. 여기서 구성원들은 상호 화합과 평등을 강조하지만 자신은 예외가 되기를 꿈꾼다. 그리고 일자의 논리는 보편을 벗어나는 행동을 용인하지 못한다. 히틀러가 이끌었던 맹목적인 나치즘을 연상하면 된다. 반대로 '전체가 아님'의 논리는 형식적 보편성과 일자의 예외를 인정하지 않는다. 그 대신 전체의 논리 속에 들어오지 못하는 소수에 더 주목한다. 예컨대 '민주주의는 모든 시민의 자유를 존중한다'고 보편성에 초점을 맞춘다면 일자의 논리가 된다. 하지만 '모든 사람이 자유를 누리고 있지는 않다. 언제나 소외된 사람들이 존재하고 그것에 더 주목해야 한다'고 주장한다면 'not-all', 즉 여성적 논리가 된다. 일자의 논리가 상대의 존재를 완전히 무화시킬 수 있는 폭력적 위치라면, '전체가 아님'은 상대의 존재를 그 자체로 끌어안는 위치다.

또한 여성적 위치는 절대적 합일의 환상을 포기하고 결여의 공백을 인정하기에 오히려 추가적인 주이상스의 가능성을 발견하는 위치다. 라캉이 성차를 통해 강조하는 것은 남자와 여자의 완전한 합일이 아예 불가능하기 때문에("성관계는 없다"), 오히려 전체 아님을 인정할 때만 실질적인 사랑과 협력이 가능하다는 것이다. 진정한 사랑은 오히려 차이를 인정할 때 가능하다. 차이를 인정하지 않고 하나 됨을 꿈꾸는 것은 자아가 확대된 나르시시즘적 환상으로 쉽게 빠진다. 둘이 둘로 남을 때 새로운 사랑의 가능성이 시작되는 것이다.

에필로그
Epilogue

1 지식인 지도
2 지식인 연보
3 키워드 찾기
4 깊이 읽기
5 찾아보기

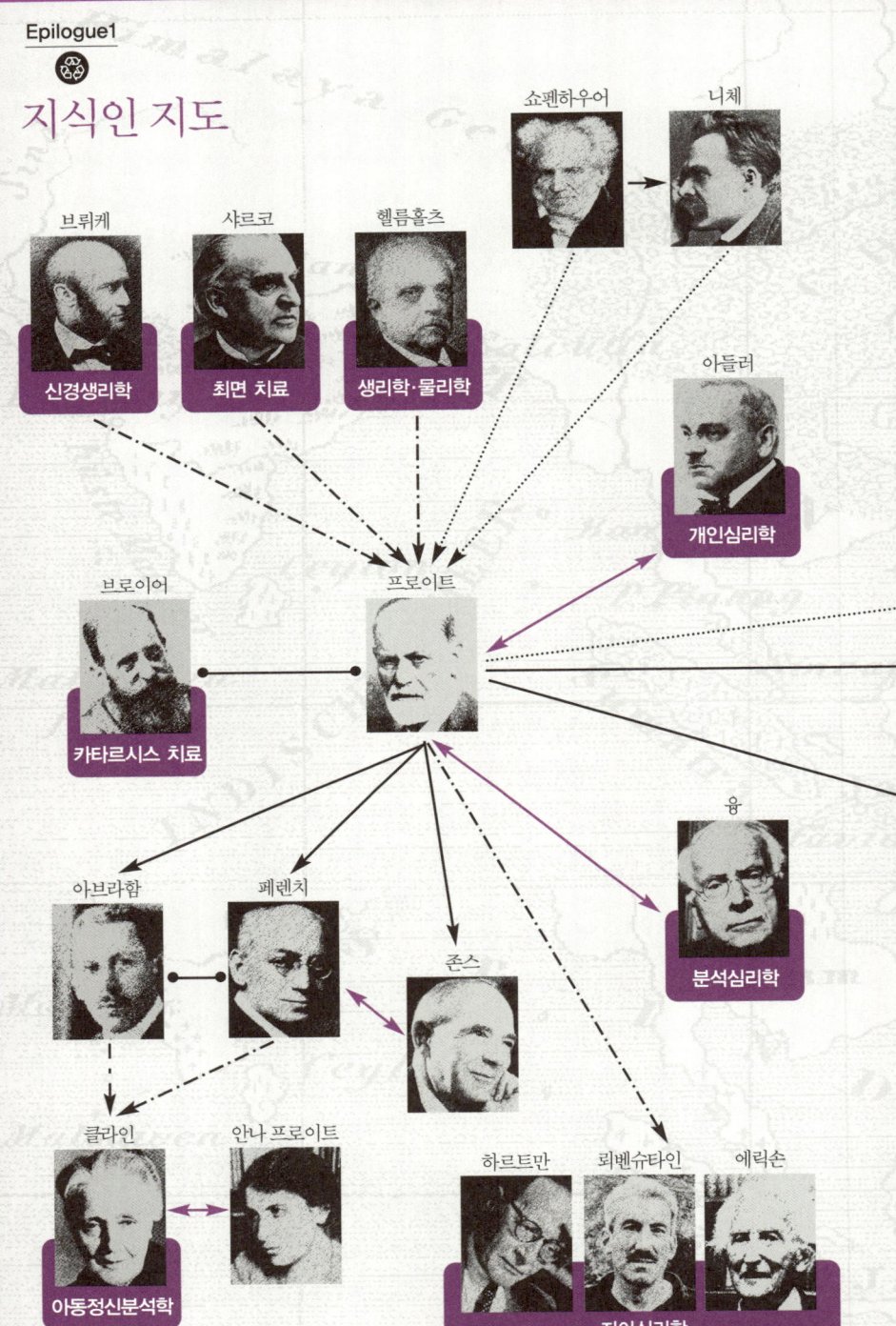

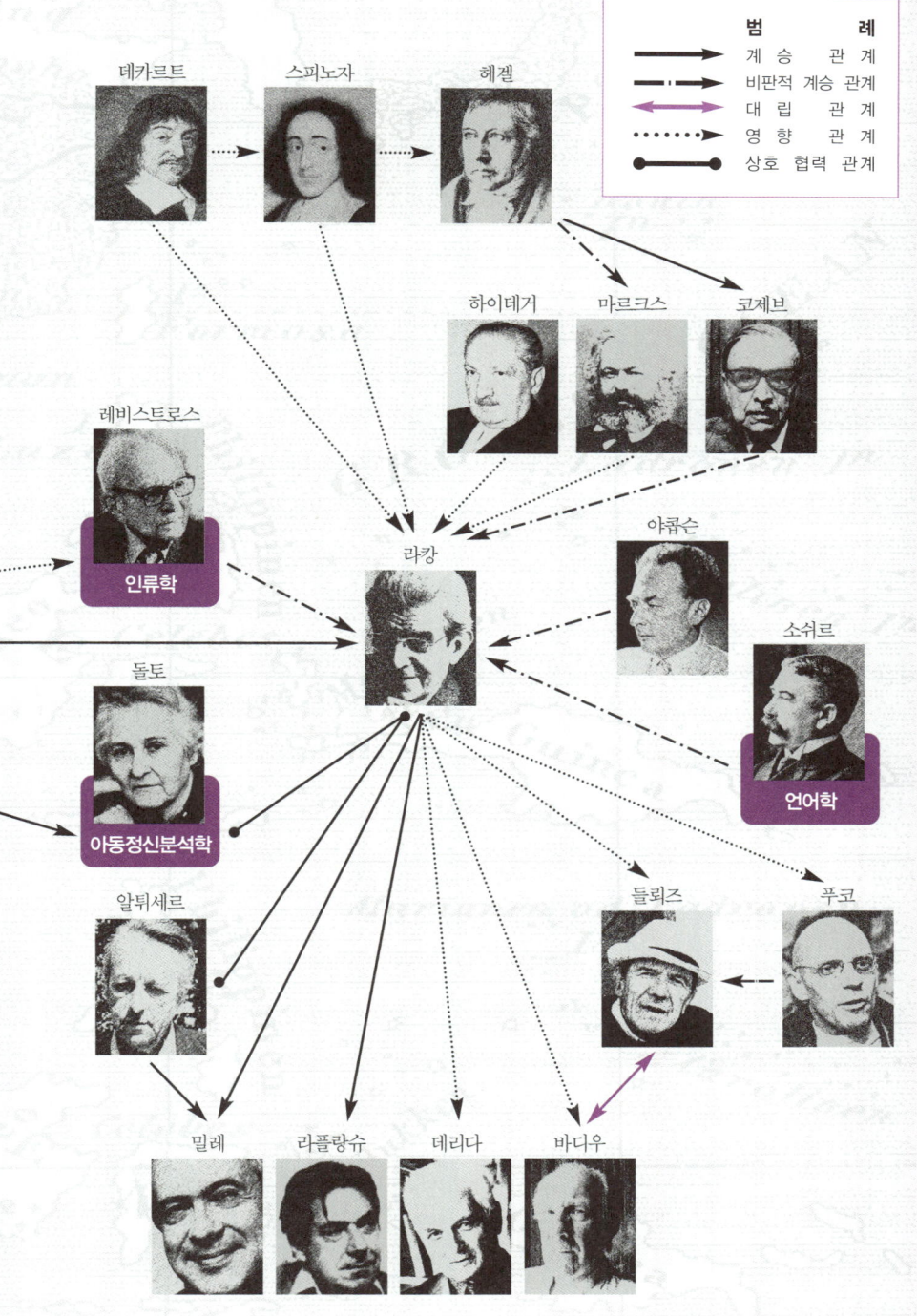

Epilogue2

지식인 연보

- **지크문트 프로이트**

1856	오스트리아 프라이베르크(Freiberg) [현재 체코의 프르지보르(Příbor)]에서 출생
1860	가족들 빈으로 이주해 정착
1876~1882	빈 생리학 연구소에서 브뤼케의 지도 아래 연구 활동
1881	빈 대학 의학부를 졸업하고 의사가 됨
1885~1886	파리 라살페트리에르 병원에서 샤르코의 지도 아래 연구 수학
1887	플리스와 만남
1895	브로이어와 공저로 『히스테리 연구』 출판 『과학적 심리학을 위한 구상』 집필
1896	'정신분석' 용어를 처음 소개
1900	『꿈의 해석』 출판
1901	『일상생활의 정신병리학』 출판
1902	수요 심리학회 시작
1905	『농담과 무의식의 관계』, 『성욕에 관한 세 편의 에세이』 출판
1908	잘츠부르크(Salzburg)에서 제1회 국제정신분석학회 열림
1909	프로이트와 융이 미국으로부터 강의 초청을 받고 매사추세츠주 클라크 대학 방문
1913	『토템과 터부』 출판

1914	『나르시시즘 서론』 출판
1915	12편의 메타심리학 논문 저술(현재 5편만 전함)
1920	『쾌락 원리를 넘어서』 출판 '죽음 충동'과 '반복 강박'이라는 개념 처음 소개
1923	『자아와 이드』 출판 두 번째 정신 기구 모델 소개
1926	『억압, 증상, 그리고 불안』 출판
1930	『문명 속의 불만』 출판
1933	프로이트의 저서들이 베를린에서 공개적으로 소각됨
1938	런던으로 망명 마지막 저서 『인간 모세와 유일신교』 출판
1939	런던에서 사망(83세)

• 자크 라캉

1901	파리에서 출생
1920	의학 공부
1926	생트안느(Sainte Anne) 병원의 앙리 클로드(Henri Claude) 밑에서 정신과 인턴 과정 수련
1928	클레랑보(Gaëtan Gatian de Clérambault)의 지도하에 경찰청 정신병원 특별 의무실에 근무
1932	의학 박사 논문 발표 뢰벤슈타인과 함께 수련 분석 시작
1934	파리정신분석학회(Société psychanalytique de Paris, SPP) 가입
1936	정신병원 의사로 임명 마리엔바트 국제정신분석협회 회의 참가

1938	SPP의 정식 회원으로 선출
1939	1933년에 조르주 바타유(Georges Bataille)와 헤어진 실비아 마클레스(Sylvia Maklès)와 만남
1951	SPP의 부회장으로 선출 자신의 아파트에서 첫 번째 개인 세미나 개최
1953	SPP로부터 분리된 정신분석프랑스학회(Société française de psychanalyse, SFP) 창설
1953~1963	생트안느 병원 대강당에서 세미나가 공개적으로 진행
1963	SFP와 IPA의 교육법 전문가 명단에서 제명 알튀세르의 주선으로 고등사범학교에서 세미나 재개 쇠유(Seuil) 출판사의 프랑수아 발(François Wahl)과 출판 계약
1964	파리 프로이트 학교(École freudienne de Paris, EFP) 창설
1969	고등사범학교 강의실을 사용하지 못하자 세미나는 팡테옹(Panthéon)의 법학부로 옮겨짐
1971	'수학소(mathème)' 개념 창안
1980	마지막 세미나 EFP 해체, 프로이트주의파(Cause freudienne) 창설
1981	프로이트주의 학교(École de la Cause freudienne)가 프로이트주의파 계승 파리에서 사망(80세)

Epilogue 3

키워드 찾기

- **거세 콤플렉스**^{Kastrationskomplex; castration complex} 남자아이의 경우 여자아이의 성기를 보면서 거세 위협이 현실화될 것으로 믿는데 이러한 심리적 갈등 상태가 거세 콤플렉스다. 여자아이의 경우 거세 콤플렉스는 남근 선망과 질투심의 형태로 나타난다. 라캉은 이러한 무의식적 불안감이 아버지의 시니피앙에 주체가 종속되는 부성 은유 때문에 발생한다고 설명한다.
- **거울 단계**^{stade du miroir; mirror stage} 생후 6개월 정도의 아이가 자신의 이미지를 거울 속에서 발견하고 그것에 자신을 동일시함으로써 자아를 구성하는 최초 단계. 거울 단계는 이후 주체가 형성하는 모든 대상 관계에 원형으로 작용한다. 주체가 대상과 관계를 맺는 것이 가능한 것은 거울 단계에서 자아가 구성되기 때문이다.
- **나르시시즘**^{narcissism} 자아를 성애의 대상처럼 간주하고 거기에 리비도를 투여하는 심리적 상태로, 유아기에 나타나며 자존심과 자기애의 심리적 원천이다. 라캉은 거울 단계에서 아이가 거울에 비친 자신의 이미지에 성애적으로 집착하는 것을 나르시시즘이라고 한다. 나르시시즘은 자아 구성의 원동력이 된다.
- **남근**^{phallus} 오이디푸스 콤플렉스 시기 아이가 성적 쾌락을 집중시키면서 애착을 가지는 남성기의 상징적 기능과 역할. 프로이트는 남근을 명사적 형태보다는 주로 형용사적 형태로 사용했으며, 실제 페니스와 엄격하게 구별하지 않았다. 하지만 프로이트도 어떤 형태로든 몸에서 떨어져 나갈 수 있는 모든 것이 남근의 역할을 한다는 것을 강조했다. 라캉은 남근을 아버지가 가지고 있는 것으로 가정되는 욕망의 상징물이자 결여와 연관되어 모든 의미화를 가능하게 만드는 상징계의 핵심 기표로 정의한다.
- **대타자**^{Autre; Other}, **소타자**^{autre; other} 대타자는 언어가 기원하는 장소로, 시니

피앙의 보고로 정의된다. 대타자는 욕망을 규정하고 욕망에 답을 주는 상징계의 의인화된 심급으로, 상상적 타자인 소타자와 구별된다. 소타자는 거울에서 주체가 마주하는 타자적인 이미지를 말한다.

- **리비도** libido 프로이트는 수량적으로 증감될 수 있는 성적 에너지를 리비도라고 정의했다. 리비도는 본성상 남성적이며, 쾌락 원리의 경제적 법칙에 따라 움직인다. 라캉은 리비도를 생물학이나 역학적 관점에서 순수 에너지로 정의하는 것에 반대하면서 리비도가 결여의 기관이라고 새롭게 정의한다.
- **물** Ding; Thing 의미의 영역을 넘어 실재계에 속하는 것으로, 욕망이 겨냥하는 잃어버린 대상을 말한다. 쾌락 원리는 주체로 하여금 물로부터 일정한 거리를 둔 채 물의 주위를 맴돌게 만드는 일종의 보호 작용이다. 하지만 물은 끊임없이 주체의 욕망을 불러일으키므로 주체는 계속해서 그것에 도달하고자 한다. 나중에 물은 '오브제 a'로 연결된다. 물은 한마디로 포착이 불가능한 대상이다.
- **상상계** imaginaire; imaginary 상상계는 주체가 자신의 신체 이미지와 맺는 2자 관계에 뿌리를 두고 있으며 대상에 대한 표상을 중심으로 구성되는 현실의 모든 영역을 말한다. 라캉은 상상계의 작용이 기만적이고 주체를 소외시키지만 주체는 그것을 벗어날 수 없다고 강조한다. 상상계는 언어의 의미 작용과 망상의 영역을 포함하기도 한다.
- **상징계** symbolique; symbolic 언어에 의해 구성되는 주체의 공간으로, 대타자로 대표되는 절대적인 타자성 혹은 법이 지배하는 영역이다. 무의식은 상징계의 자율적 기능이 실행되면서 만들어지는 효과다. 상징계는 상징주의와는 구별되며, 시니피앙의 논리를 통해 구성되는 초월적 영역이다.
- **소외** alienation 주체가 거울 단계에서 거울에 반영된 대상화된 이미지를 자신의 것으로 받아들이면서 존재를 상실하는 것을 말한다. 상상계는 근본적으로 소외의 질서다. 그러나 상징계 역시 주체를 소외시키는데, 언어는 존재를 기호화하는 대신 무로 만들면서 상징적 질서에서 배제하기 때문이다.
- **승화** sublimation 프로이트는 성적 충동이 대상과 목표를 바꿔 예술적 창조나 지적인 작업을 통해 실현되는 것을 승화라고 부른다. 프로이트에 의하면 그것은 성적 욕망을 사회적으로 인정받는 행위를 통해 실현하는 고차원적인 인간의 활동이다. 반면에 라캉은 승화를 평범한 대상을 물의 지위로 끌어올리는 활동으로 규정하며, 물과 만나려는 의지로 정의한다. 승화는 예술적 창작의 원동력이자 활동 자체를 말한다.

- **시니피앙 연쇄**chaîne signifiante; signifying chain 서로 연결된 일련의 기표들을 말하는데, 기표는 언제나 하나가 아니라 연쇄를 통해서만 존재한다. 라캉은 소쉬르의 기호들이 변별적 관계를 형성하면서 언어의 체계를 이루듯이 기표들도 상호 연결을 통해 작용하면서 이차적으로 의미화를 발생시킨다고 보았다.
- **시니피앙**signifiant; signified, **시니피에**signifié; signifier 기표와 기의로 번역된다. 기표는 언어를 이루는 기본 단위이며, 의미가 배제된 순수 차이로 정의된다. 기표의 주된 기능은 상징계에서 주체를 드러나게 하는 것으로, 은유와 환유의 법칙에 따라 자율적으로 작용한다. 기의는 언어의 의미적 차원을 말하며 기표에 의해 규정된다. 라캉은 기표가 기의와 주체에 대해 가지는 우월성을 시니피앙 논리라고 말한다.
- **실재**réel; real 상징화가 불가능해 언어에 동화되지 않으면서 언어의 밖에 존재하는 절대적 영역을 말한다. 실재는 상징화에 저항하며, 상징계에 갑작스레 침투해 상징계를 균열시키는 모든 작용의 원천이다. 라캉은 욕망의 윤리가 절대성을 갖는 것은 그것이 궁극적으로 실재를 향하기 때문이라고 말한다.
- **오브제 a**objet a 욕망의 원인이자 대상으로, 욕망을 작동시키면서 계속해서 끌고 가는 대상의 작용을 말하며, 본성상 환상적이다. 라캉은 후기에 '오브제 a'를 상징계에 결여처럼 남겨진 실재의 흔적이라고 말하며, 그것을 실재계에 연결시킨다.
- **오이디푸스 콤플렉스**Ödipuskomplex; Oedipus complex 남근기 유아가 부모에 대해 겪는 사랑과 미움의 무의식적 양가 감정과 리비도 갈등의 총체. 오이디푸스의 적극적 형태에서 아이는 동성의 부모에 대해 적대감을, 이성의 부모에게 성애를 느끼면서 한편으로 남근적 쾌락에도 집착한다. 아이는 거세의 위협 때문에 부모에 대한 성애적 사랑을 포기하고 동성의 부모에 자신을 동일시함으로써 오이디푸스 콤플렉스를 극복하고 성차 분화에 성공한다. 라캉은 아이가 어머니와의 상상적 결합에서 벗어나 아버지의 법을 수용하면서 상징계로 진입해 정상적 주체가 되는 과정으로 오이디푸스를 설명한다. 프로이트와 라캉은 오이디푸스 콤플렉스가 신경증의 핵을 이룬다는 것을 강조한다.
- **욕망**désir; desire 프로이트의 용어인 소원(Wunsch)을 프랑스어로 번역한 것으로, 지속적으로 대상을 통해 만족을 추구하는 힘의 작용을 말한다. 욕망의 본질은 존재 결여이며, 그것이 대상으로 삼는 것이 바로 '오브제 a'이다. 라캉은 욕망을 생물학적 본능인 욕구 및 그것의 언어적 표현인 요구와 철저하게 구별하는데, 욕망은 요구가 욕구와 불일치하는 가장자리에서 발생한다. 욕망의 본질

은 대타자로부터의 인정 욕망이며, 상징계의 작용이다.
- **이드** ^{Es; id} 프로이트 2차 정신 기구 모델에서 리비도 에너지의 저장고로 정의된 심급. 이드는 무조건적인 만족을 추구하며, 쾌락 원리에 지배된다. 라캉은 이드적인 작용을 실재계를 통해 설명한다.
- **자아** ^{Ich; ego} 거울에 반영된 타자화된 이미지에 자신을 동일시하면서 구성하는 주체의 상상적 심급으로 나르시시즘에 의해 지탱된다. 라캉은 의식을 대상을 표상하는 자아의 기능에 연관시키는데 데카르트의 코기토는 이의 전형이다.
- **존재** ^{être; being} 라캉은 철학적 개념인 존재를 즐겨 사용하면서 욕망이 결국 존재 결여의 표현임을 강조한다. 라캉이 말하는 존재는 실체적인 것이 아니라 주로 결여를 통해 정의되는데, 그것은 언제나 언어 속에서 언어를 통해 구성된다. 라캉은 말하다(parler)와 존재(être)를 합성해 '말하는 존재(parlêtre)'라는 신조어를 만들어내기도 했다.
- **주이상스** ^{jouissance} 쾌락 원리를 넘어 잃어버린 대상인 물에 도달하려는 욕망의 절대적 향유 의지를 말한다. 주이상스는 상징계의 법을 통해 금지되어 있지만 사실은 말하는 주체가 도달할 수 없는 원천적으로 불가능한 쾌락이다. 주이상스가 발생하는 것도 주체가 상징계에 진입하면서 느끼는 결여 때문인데, 주이상스는 죽음 충동의 양상으로 발현된다.
- **주체** ^{sujet; subject} 라캉 이론의 핵심 개념으로, 자아가 상상계에 속한다면 주체는 상징계에 속한다. 자아가 상상적 동일시를 통해 구성되는 반면, 주체는 시니피앙에 의해 존재가 대체되고 상징계에서 구조화됨으로써 구성된다. 라캉은 주체의 본질이 '말하는 주체'이며 또한 무의식의 주체이자 욕망의 주체라고 말한다. 프로이트에게는 주체 개념이 없다.
- **죽음 충동** ^{Todestrieb; death drive} 프로이트는 생명체를 보존하며, 리비도를 응집시키는 삶의 충동인 에로스와 반대 방향으로 작용하는 파괴적 본능을 죽음 충동으로 규정했다. 라캉은 죽음 충동을 정신분석의 핵심 개념으로 재확인하면서, 그것을 상징계의 작용인 반복과 연결시킨다. 죽음 충동은 상징계를 뛰어넘어 쾌락이 고통으로 체험되는 주이상스의 영역으로 들어가려는 시도를 말한다.
- **증상** ^{symptôme; symptom} 프로이트는 증상을 억압된 표상이 드러나는 과정에서 의식과 갈등하고 타협하면서 나타나는 신체적, 정신적 현상으로 보았다. 라캉은 증상을 시니피앙의 작용과 동일시하면서 은유적 작용으로 정의한다. 나중에는 증상을 실재계의 메시지로 정의한다.

- **진리** vérité; truth 진리는 욕망이 발현되는 것과 관계가 깊다. 라캉은 진리를 형이상학적인 지식이나 깨달음과는 구별하며, 대상과 인식의 일치라는 전통적 관점도 거부한다. 진리는 오히려 거짓말이나 말실수 같은 언어의 비틀어짐을 통해 표출되며 무의식 주체와 실재계를 드러내는 것이다.
- **초자아** Über-Ich; super-ego 오이디푸스 콤플렉스를 극복하는 과정에서 부모의 금지를 내면화해 자아로부터 분화되는 심급. 양심과 도덕의 형태로 작용하며 프로이트는 초자아를 이상적 자아와 동일시하기도 한다. 초자아의 대부분은 무의식에 속하며 이드적 욕구를 억압하기도 하지만 이드와 결합해 자아를 공격하면서 공격성을 만족시키기도 한다. 라캉은 초자아를 주이상스를 명하는 대타자의 외설적 모습으로 재해석한다.
- **충동** Trieb; drive 대상을 통해 만족을 추구하는 힘의 작용을 말하지만 본능과 달리 충동은 그 자체의 만족이 중요하기 때문에 대상이나 목표는 얼마든지 변경될 수 있다. 충동은 언제나 부분 충동의 형태로 존재하며, 크게 두 가지 범주로 묶이면서 대립한다. 프로이트는 심리적인 것과 육체적인 것의 경계 개념으로 충동을 정의했으며, 리비도 경제학의 관점에서 충동의 역동성을 설명했다. 라캉은 충동을 상징계와 연관시키면서, 모든 충동은 잠재적으로 죽음 충동임을 역설했다.

Epilogue4

깊이 읽기

- **프로이트 전집(전 15권)**

번역이 매끄럽지 못하거나 가끔씩 오류가 발견되기도 하지만 프로이트의 주요 저작을 우리말로 읽을 수 있다는 것은 커다란 행운이다. 라캉의 원전은 아직 우리말로 번역되고 있지 않기 때문이다. 전집 중 특히 다음 책을 우선적으로 읽기를 권고한다.

① 김인순 옮김, 『꿈의 해석』 — 열린책들, 2003
프로이트의 대표작으로 정신분석학의 바이블이라 할 수 있다. 다양한 꿈의 해석을 통해 꿈 작업의 본질을 무의식적 소원의 성취로 정의한다. 프로이트는 이 책에서 압축과 전치를 통해 무의식 고유의 작용 메커니즘을 해명하면서, 무의식이 신경증에만 고유한 현상이 아니라 정신 과정의 본질임을 설명하고 있다. 프로이트는 이 책 7장의 '꿈-과정의 심리학'에서 1차 정신 기구 모델을 제시하고, 리비도 경제학적 관점에서 무의식의 역동성을 자세하게 설명했다.

② 김정일 옮김, 『성욕에 관한 세 편의 에세이』 — 열린책들, 2003
흔히 범성론으로 정의되는 프로이트의 성에 관한 입장이 구체화된 형태로 드러난 책이다. 성적 일탈과 이상을 중심으로 인간성의 고유성과 성 발달 과정을 설명하면서 성 충동의 본질을 자세히 설명하고 있다. 프로이트가 초기 유혹설을 버리고, 유아가 성적 환상을 통해 과거를 재구성한다는 유아성욕론의 입장을 처음으로 표명하면서 많은 논란을 불러일으킨 책이다.

③ 윤희기·박찬부 옮김, 『정신분석학의 근본 개념』 — 열린책들, 2003
프로이트 이론은 1920년대 이후 커다란 사상적 변환을 보인다. 이 책은 1915년에 집필된 메타심리학의 주요 논문들과 후기 프로이트의 사상을 엿볼 수 있

는 기타 중요 논문들을 모아놓은 책이다. 「나르시시즘 서론」, 죽음 충동 개념이 도입된 「쾌락 원리를 넘어서」, 후기 심리 기구 모델과 전기 모델과의 관계가 설명되고 있는 「자아와 이드」 등의 논문이 수록되어 있다.

④ 김석희 옮김, 『문명 속의 불만』 — 열린책들, 2003
프로이트가 어떤 식으로 오이디푸스 도식을 통해 사회와 문화를 설명하는지 볼 수 있는 책이다. 개인적 차원의 무의식 분석을 넘어 사회의 기원, 문명의 성격, 정치의 메커니즘, 집단 심리, 종교의 기원과 성격 등에 정신분석의 주요 개념과 이론을 적용하면서 문명적 성도덕이 초래하는 정신적 고통을 세밀하게 묘사한 프로이트의 날카로운 분석이 담겨 있다.

• 캘빈 S. 홀, 황문수 옮김, 『프로이트 심리학 입문』 — 범우사, 1996
인격 구조를 중심에 두고 발달론적인 심리학 관점에서 프로이트 이론을 조명하다 보니 프로이트 메타심리학의 본질을 단순화시키는 위험이 있기는 하다. 그렇지만 이 책의 장점은 초보자도 이해하기 쉽도록 프로이트의 정신 기구 모델의 작용 메커니즘을 리비도 경제학을 토대로 잘 설명한 것에 있다. 특히 구강기부터 성기기로 이어지는 유아 성욕 발달의 흐름이 성격 형성에 미치는 심리적 효과를 아주 쉽게 해설하고 있다. 『자아와 이드』 같은 프로이트의 원전을 읽을 때 길잡이로 삼는다면 도움이 될 것이다.

• 엘리자베트 루디네스코 지음, 양녕자 옮김, 『자크 라캉』(1, 2) — 새물결, 2000
라캉 당시 프랑스 지식인들과의 사상 교류를 중심으로 라캉 이론의 형성 과정과 사상사적 위치를 살펴본 책. 정신분석사가 엘리자베트 루디네스코(Élisabeth Roudinesco)의 치밀한 조사와 전문가적 해설이 돋보인다. 단순히 라캉의 일대기를 기록한 전기가 아니라 라캉 사상이 형성되는 주요 단계를 각 시기의 사건들과 연관 지어 분석하면서 라캉의 주요 개념 형성의 배경을 차근차근 설명하고 있다. 라캉이 관여했던 정신분석학파의 창립과 분열 과정, 『에크리』와 세미나 출판에 얽힌 에피소드 등도 자세하게 소개되어 있어 지루하지 않다. 라캉이 누구이고, 어떠한 사상사적 지형도에 위치하고 있는가를 파악할 수 있도록 도와주는 안내서로 활용할 만한 가치가 있다.

• 자크 라캉, 맹정현, 이수련 옮김, 『자크 라캉 세미나 11, 정신분석의 네 가지 근본 개념』 — 새물결, 2008

국내 최초로 불어책을 직접 한국어로 완역한 라캉의 세미나 원전이다. 『세미나 11』은 라깡의 세미나 중 가장 먼저 그의 승인을 얻어 출판된 책이다. 또한 『세미나 11』은 라캉의 이론적 관심사가 상징계에서 실재계로 바뀌고 있음을 보여주는 중요한 텍스트이다. 특히 충동과 오브제 a 개념을 중심으로 실재의 문제를 정면으로 다루고 있으며, 라캉이 회화에 대해 강의한 시선과 응시의 분열, 소외와 분리, 대타자와 전이의 문제 등이 이 세미나에서 다뤄지고 있다. 번역도 깔끔한 편이다.

• 조엘 도르, 강응섭, 홍준기 옮김, 『라깡 세미나. 에크리 독해 I』 ― 아난케, 2009

프랑스의 대표적인 라캉주의 정신분석가이자 철학전공자인 조엘 도르가 라캉의 사상을 상세하게 해설한 책이다. 일반 개념사전과 달리 주요논점과 이론을 중심으로 라캉의 난해한 사상을 찬찬히 해석하면서 개념들도 이해하기 쉽게 풀어내고 있다. 라캉이론에 대해 어느 정도 조예가 있으면서 이해를 더 성숙시키기를 원하는 독자들이 보면 아주 좋은 책이다. 언어학 이론과 무의식의 연관성, 라캉의 오이디푸스 이론, 욕망의 그래프와 기타 도식에 대해 잘 설명하고 있지만 초보자자 읽기엔 조금 딱딱하고 어려운 책이다.

• 김석, 『에크리-라캉으로 이끄는 마법의 문자들』 ― 살림, 2007

이 책은 라캉이 유일하게 직접 쓴 『에크리』에 대해 국내의 전공자가 해설한 개론서이다. 라캉은 『에크리』이외에 전 27권의 『세미나』를 남겼지만 세미나는 말 그대로 구술강의를 녹취하여 다른 사람들이 펴낸 책이다. 반면에 『에크리』는 라캉이 기존에 발표된 논문을 공들여 다시 쓰고, 편집에도 일일이 관여하면서 유일하게 직접 출판한 책으로 라캉의 문체를 잘 보여주는 책이다. 하지만 『에크리』는 난해하기로 소문이 나있어 프랑스인들조차 전혀 이해하지 못하는 책이기도 하다. 김석의 책은 『에크리』의 의미와 이론사적 중요성, 라캉의 정신분석가적 삶에 대해 이야기할 뿐 아니라 라캉의 핵심 개념도 쉽게 설명하고 있으므로 라캉에 대한 입문서로 권장할만하다.

• 페터 비트머, 이승미, 홍준기 옮김, 『욕망의 전복』 ― 한울, 2009

비록 독일에서 출간되었지만 라캉의 핵심 개념들을 왜곡시키지 않고 군더더기 없이 일목요연하게 정리한 개념서이다. 책 전체를 관통하는 키워드는 욕망인데 욕망이야말로 라캉이론의 처음과 끝이기 때문이다. 페터 비트머는 거울단계에서 이루어지는 욕망의 발견부터 마지막 보로매우스의 매듭까지 욕망과 연관된 기본 개념들을 각 장에서 세밀하게 설명하면서 라캉 이론의 특이성과 핵심이 무엇인지를 잘 보여준다. 라캉 사상의 골간을 이루는 주요 개념 이해에 아주 유용한 책이다.

• 슬라보예 지젝, 이성민 옮김, 『까다로운 주체』 — 도서출판 b, 2005

비평적 스타일의 화려한 글쓰기와 다양한 문화현상의 분석을 통해 라캉주의의 외연이 임상이나 철학에만 국한되지 않음을 보여주었던 슬라보예 지젝. 지젝 덕분에 라캉의 중요성이 다시금 부각되기도 했지만 독자들은 지젝의 현란한 문체에 사로잡혀 라캉주의의 본질이 무엇인지 길을 잃기 쉽다. 지젝 스스로 자신이 가장 진지하게 철학적 문제를 다루었다고 자평한 것처럼 이 책은 데카르트에 그 기원이 있는 근대적 주체의 문제를 정신분석의 시각을 견지하면서 철학사적 맥락으로 분석한 책이다. 라캉에게 근대주체는 정신분석의 기원이 될 뿐 아니라 극복의 과제이기도 했는데 정신분석은 무의식을 통해 근대주체의 또 다른 망각된 면을 보여주기 때문이다. 지젝은 이 책에서 주체의 새로운 복원이라는 문제의식에 공감하면서 근대주체의 잃어버린 심연과 부정성의 문제를 상세히 다루고 있다. 라캉주체의 정치적, 존재론적 의미에 대해 사유하는 데 도움이 되는 책이다.

• 레너드 삭스, 이소영 옮김, 『남자아이 여자아이』 — 민음사, 2002

신문에 나온 이 책의 광고카피중 하나가 '남녀칠세부동석 이유가 있었네' 였다. 심리학자이자 의학박사인 레너드 삭스는 이 책에서 여러 과학적 근거를 통해 남자와 여자의 선천적 차이를 보여준다. 뇌의 해부학적 구조의 상이성, 모험심과 공격성 등 상이한 남녀의 심리차이에 대한 실증적 연구와 풍부한 관찰자료를 통해 남아와 여아에 대해 조기부터 차별화된 교육을 실행할 것을 주장한다. 저자는 양성의 차이를 인식하고 상이한 잠재성을 효과적으로 개발할 때 제대로 된 교육이 이루어질 수 있다고 강변한다. 성차에 대한 과학적 관점을 나름대로 살펴볼 수 있어 흥미진진하다.

• 브루스 핑크 지음, 맹정현 옮김, 『라캉과 정신의학』 — 아침이슬, 2007

미국의 권위 있는 정신분석가 브루스 핑크(Bruce Fink)의 라캉 연구서로 임상 연구서의 성격이 강하다. 하지만 라캉의 임상 이론에 그치지 않고, 실증적 사례 연구를 통해 욕망의 본성, 주체 구성과 위상, 후기의 실재와 주이상스 등 라캉의 핵심 개념에 대해서도 충실하게 해설하고 있다. 특히 라캉의 구조적 진단법의 의미와 3대 임상 범주인 정신병, 신경증, 도착증에 대한 상세한 설명은 임상의뿐 아니라 일반인들이 라캉 임상 이론을 이해하는 데도 도움이 될 것이다.

- 베르트랑 오질비 지음, 김석 옮김, 『라캉, 주체 개념의 형성』 — 동문선, 2002

정신분석가이자 철학자인 저자는 라캉 이론의 최대 성과와 이론적 공헌을 주체 개념을 새롭게 도입하고 창조적으로 다듬은 데서 찾는다. 저자는 주체 개념의 성립 과정을 초기 박사 학위 논문의 인격 개념에 집중해 살피면서도 후기 사상과의 연관성을 강조하고 있다. 박사 학위 논문 시기에 맹아적 형태로 제시된 라캉 사유의 단초들이 어떻게 나중에 주체 개념으로 계승되는지 잘 보여준다.

- 숀 호머 지음, 김서영 옮김, 『라캉 읽기』 — 은행나무, 2006

평소 라캉 정신분석학과 사회 이론의 소통을 모색해온 저자가 문화 이론가의 시각에서 대중들이 쉽게 이해할 수 있도록 라캉 사상의 핵심 쟁점을 풀어 쓴 책이다. 쉽게 접근하면서도 라캉의 핵심 개념까지 자세히 안내하므로 독자의 입장에서는 수월하게 라캉의 사상에 접근할 수 있다. 간략하기는 하지만 상상계, 상징계, 실재계 등 라캉 개념의 의미와 그것이 다른 사상가들과 어떻게 연결되는지를 군더더기 없이 보여주는 것이 이 책의 장점이다.

- 김상환·홍준기 엮음, 『라깡의 재탄생』 — 창작과비평사, 2002

라캉 탄생 100주년을 기념해, 라캉과 여러 현대 사상가들의 관계를 주제로 삼아 국내 각 분야의 연구자들이 글을 썼다. 상세한 해설보다는 쟁점을 중심으로 논쟁적으로 서술한 연구 논문이기에 라캉에 대한 기본적인 지식이 없으면 읽기가 쉽지 않다. 하지만 라캉과 다른 사상가들이 어떻게 만나고, 어떤 지점에서 대립하는지 이론적 쟁점을 파악하는 데 아주 유용한 책이다.

- 슬라보예 지젝 지음, 이수련 옮김, 『이데올로기라는 숭고한 대상』 — 인간사랑, 2002

라캉 정신분석의 주요 개념과 이론을 통해 현대 사회의 문화적 현상을 집요하게 분석하면서 라캉주의의 이론적 지평을 넓히고 있는 슬라보예 지젝(Slavoj Žižek)의 대표작이자 처녀작이다. 지젝은 이 책을 통해 라캉 사상을 헤겔 철학과 접목시키면서, 라캉의 어려운 개념들을 풍부한 예를 통해 재치 있게 해설하고 있다. 이 책에서는 특히 욕망의 원인이 되는 결여와 실재의 관계를 잘 다루고 있다.

- 슬라보예 지젝 지음, 이만우 옮김, 『향락의 전이』 — 인간사랑, 2001

라캉의 개념 중 가장 난해한 것이 주이상스와 성차다. 책의 제목이 암시하듯이 이 책에서는 후기 라캉의 탐구 주제였던 여성의 지위, 성의 문제와 주이상스의 관계를 깊이 탐구하고 있다. 성과 주이상스를 같이 매개해주는 것이 바로 실재 개념인데, 욕망이 결여로부터 어떻게 실재의 윤리로 향하게 되는지 잘 보여준다. 『이데올로기라는 숭고한 대상』과 비교하면서 읽으면 좋을 것이다.

- 도널드 시먼스 지음, 김성한 옮김, 『섹슈얼리티의 진화』 — 한길사, 2007

진화심리학의 대표 주자 중 한 사람인 시먼스가 인간성의 본질을 진화론적 관점에서 설명한 책으로 진화심리학의 성 이론을 볼 수 있는 대표적인 책이다. 통상 진화심리학은 자유 의지를 부정하고 인간을 유전자에 맹목적으로 복종하는 기계처럼 본다고 오해받는데, 시먼스는 이것이 편견이며 오히려 진화심리학은 인간 성 본능을 과학적으로 설명하면서 그 특이성을 옹호한다고 강조한다. 성에 대한 상세한 분석 및 다양한 사례, 그리고 최신 진화심리학 연구 성과를 적절히 근거로 활용하고 있는 것이 이 책의 장점이다.

Epilogue5

찾아보기

ㄱ
강박신경증 p. 27, 76~78
「강박신경증의 한 사례에 대한 메모」 p. 77
강박증 p. 27~29, 76, 77
거세 콤플렉스 p. 64~66, 80, 81
거울 단계 p. 112~126
구순기 p. 71~75, 81, 91
그로데크, 게오르크 Groddeck, Georg p. 96, 97
기표 p. 131, 135, 139~141, 145, 146, 151, 154, 160, 204, 205, 207
꽉 찬 말 p. 135, 136
꿈-내용 p. 50, 53
꿈-사고 p. 52, 53, 59, 87, 89
꿈-작업 p. 47, 89
「꿈의 해석」 p. 45, 46, 49, 51, 53, 56, 85, 86, 152, 182

ㄴ
나르시시즘 p. 82, 94, 209
남근기 p. 64, 65, 67, 71, 72, 78, 80, 81
「남자아이 여자아이」 p. 202
낭만주의 p. 22, 23
뉴턴, 아이작 Newton, Isaac p. 125
니체, 프리드리히 Nietzsche, Friedrich p.22, 24, 97, 189

ㄷ
다른 장면 p. 24, 145, 184
다빈치, 레오나르도 da Vinci, Leonardo p. 106, 168, 169
「다시」 p. 204
다윈, 찰스 Darwin, Charles p. 199~201
달리, 살바도르 Dali, Salvador p. 169, 187, 189
「대사들」 p. 166, 167
대타자 p. 30, 31, 33, 118, 136, 140~144, 146, 147, 149, 156, 170, 205
대화 치료 p. 41, 42
데카르트, 르네 Descartes, René p. 122~124, 192
도라 Dora p. 56~60
도스토옙스키, 표도르 Dostoevskii, Fyodor M. p. 188
도킨스, 리처드 Dawkins, Richard p. 200
「돈키호테」 p. 164, 165
들뢰즈, 질 Deleuze, Gilles p. 178

ㄹ
라캉, 자크 Lacan, Jacques p. 21, 29~32, 34, 35, 42, 59, 60, 69, 109~113, 115~118, 120~131, 133-136, 139~142, 144~151, 153~170. 204, 207-209
리비도 p. 26, 65, 70, 71, 75, 78, 85, 87, 93, 97, 155, 158~160, 168, 170, 183, 186, 189

ㅁ

마그리트, 르네 Magritte, René p. 157
망상적 지식 p. 125
메타심리학 p. 84, 85, 110, 149, 155, 185, 186, 190
무의식 p. 21~26, 29, 30, 35, 38, 40~42, 44, 45, 47~49, 52, 54, 56~62, 64, 66, 74-77, 81, 84~87, 89~92, 95, 97, 98, 100, 103, 111, 112, 118, 124-130, 133, 135, 140, 142, 144~147, 149, 152, 153, 155, 168, 170, 176, 182~185, 187~192
「무의식」 p. 90
『문명 속의 불만』 p. 29, 103
「문명적 성도덕과 현대인의 신경병」 p. 29
물 p. 162
물자체 p. 162

ㅂ

『방법서설』 p. 122
범성론 p. 62
보드리야르, 장 Baudrillard, Jean p. 30
보로메오 매듭 p. 150
보부아르, 시몬 드 Beauvoir, Simone de p. 197, 199
브로이어, 요제프 Breuer, Josef p. 38~41, 53, 61, 110
브르통, 앙드레 Breton, André p. 156

ㅅ

상상계 p. 21, 111~113, 115, 119, 121, 128, 130, 135~137, 139, 141, 150, 151, 185
상징계 p. 31, 151, 153~163, 166, 170, 184, 186, 188~190, 204, 205
색스, 레너드 Sax, Leonard p. 202
샤르코, 장마르탱 Charcot, Jean-Martin p. 44
성 선택 p. 201, 202
성기기 p. 71, 72, 81~83
『성찰』 p. 122

『섹슈얼리티의 진화』 p. 200
셰익스피어, 윌리엄 Shakespeare, William p. 188
셸링, 프리드리히 Schelling, Friedrich p. 22, 23, 124
『소비의 사회』 p. 30
소쉬르, 페르디낭 드 Saussure, Ferdinand de p. 130~133, 135
소타자 p. 136, 140, 141
쇼펜하우어, 아르투어 Schopenhauer, Arthur p. 22, 24, 185
순수 욕망 p. 157, 163
승화 p. 106, 108, 163~166, 168-170
시니피앙 p. 129~136, 140, 142, 144, 146, 149, 151, 154, 155, 158, 160, 184
시먼스, 도널드 Symons, Donald p. 200
시시포스 p. 147
신경증 p. 24~26, 52, 57, 66, 69, 102, 103, 106, 107
실재계 p. 112, 148, 150, 155, 186

ㅇ

안나 O Anna O p. 38~42
압축 p. 47, 48, 50~52, 59, 85, 89, 93
야콥슨, 로만 Jakobson, Roman p. 178
약물 중독 p. 26
억압 p. 90~92, 106, 145, 184
에로스 p. 94, 103, 190, 205, 206
『에크리』 p. 117, 123, 148, 158, 160, 179
영겁 회귀 p. 189
오르가슴 p. 161
오이디푸스 콤플렉스 p. 25, 47, 61, 62, 64~69, 78, 81, 97, 100, 102, 104, 106, 136, 137
왈롱, 앙리 Wallon, Henri p. 113
요구 p. 146, 147, 157
욕구 p. 62, 71, 74, 91, 93, 98, 99, 101, 104, 142
욕망 p. 42, 54, 56, 58, 59, 62, 64, 68~70, 73,

94, 100, 106, 112, 117, 118, 120, 126, 129, 136~140, 142~147, 149, 150, 156~159, 161~163, 165, 169, 170
우울증 p. 26~28, 57, 101
원초적 억압 p. 91
유사자 p. 141
유아성욕론 p. 61, 72, 181
융, 카를 Jung, Carl p. 71
의식 p. 30, 40, 44~48, 53, 62, 81, 84~89, 91~95, 98, 121~126, 176, 184
『이기적 유전자』 p. 200
이드 p. 58, 67, 94~102, 109, 110, 186, 190
이르마의 주사 p. 50
2차 나르시시즘 p. 82
2차 억압 p. 91
2차 정신 기구 모델 p. 90, 94, 99, 109
『인간 모세와 유일신교』 p. 103
『일상생활의 정신병리학』 p. 141, 184
1차 나르시시즘 p. 81
1차 정신 기구 모델 p. 86, 97

ㅈ

자아 p. 98~102, 105, 109~111, 113~126, 128, 136, 141, 144, 148, 186, 209
자아심리학 p. 109~111, 115
『자아와 이드』 p. 91
자연 선택 p. 199, 200
전의식 p. 85~87, 91~93
전치 p. 47, 52~55, 58, 59, 85, 93
정동 p. 41, 42, 44, 55
정신병 p. 26, 69, 83, 107
정신분석의 윤리 p. 157, 164
정신분석학 p. 22, 38, 42, 45, 50, 84, 102, 109, 111, 128, 176, 181, 184, 192
존스, 어니스트 Jones, Ernest p. 78
존재 p. 149
주이상스 p. 161, 162, 171, 190, 209

죽음 충동 p. 94, 109, 150, 158~160, 163, 166, 170, 185, 186, 189, 191, 192
쥐 인간 p. 76, 77
지라르, 르네 Girard, René p. 33, 34
진화심리학 p. 199, 200, 202, 205

ㅊ

초자아 p. 67, 94~96, 99~102, 105, 109, 186
최면 치료 p. 41
충동 p. 46, 47, 57, 66, 69, 70~76, 78, 80~83, 87, 88, 90, 91, 94, 96~99, 101, 106~108, 150, 160, 168, 171

ㅋ

『카라마조프의 형제들』 p. 188
카타르시스 p. 41, 59
칸트, 이마누엘 Kant, Immanuel p. 124
코기토 p. 122~124, 151, 152, 154
쾌락 원리 p. 94, 98, 107, 108, 158, 159, 160, 161, 162, 170
『쾌락의 원리를 넘어서』 p. 94
클라인, 멜라니 Klein, Melanie p. 70, 107, 109, 186

ㅌ

타나토스 p. 94, 103
텅 빈 말 p. 135, 136
토테미즘 p. 103~105
『토템과 터부』 p. 102
트라우마 p. 19, 153, 154

ㅍ

프로이트, 안나 Freud, Anna p. 110, 111
프로이트, 지그문트 Freud, Sigmund p. 20~30, 38, 39, 42, 44~112, 120, 128, 136, 140, 144, 145, 152, 153, 155, 158, 159, 160, 168
플라톤 Platon p. 205, 206
플리스, 빌헬름 Fließ, Wilhelm p. 52, 53

ㅎ

하르트만, 하인츠 Hartmann, Heinz p. 109, 110
하이데거, 마르틴 Heidegger, Martin p. 122, 123
「한니발 라이징」 p. 18~20
항문기 p. 71~73, 75~78, 81
「햄릿」 p. 188
『향연』 p. 188
홀바인, 한스 Holbein, Hans p. 166, 167
히스테리 p. 38~44, 46, 53~56, 58, 59, 61, 73, 151
「히스테리 분석 단편」 p. 56
『히스테리 연구』 p. 61

⊙ 이 책의 저자와 김영사는 모든 사진과 자료의 출처 및 저작권을 확인하고 정상적인 절차를 밟아 사용했습니다. 일부 누락된 부분은 이후에 확인 과정을 거쳐 반영하겠습니다.

Sigmund Freud
&
Jacques Lacan

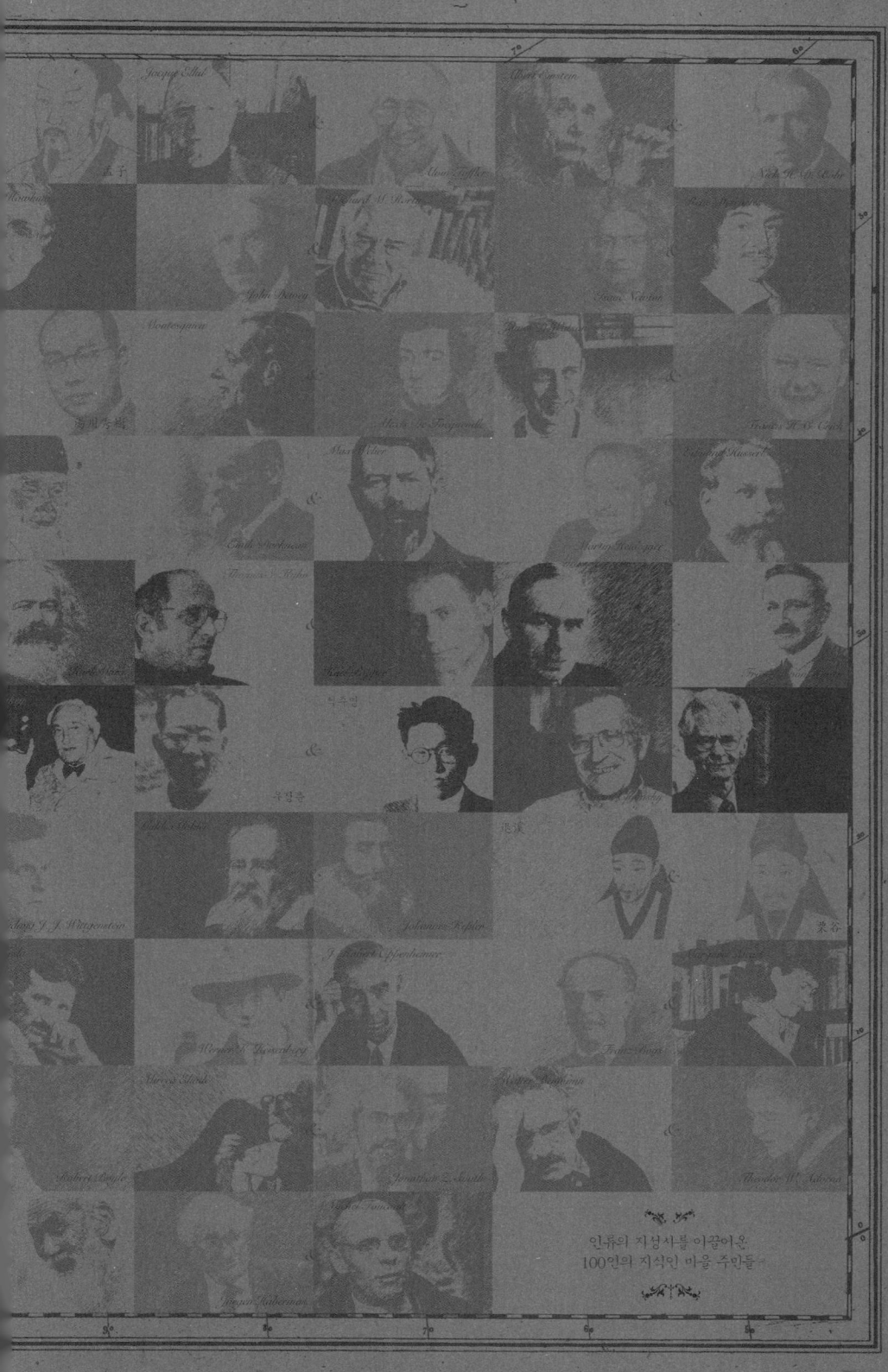

인류의 지성사를 이끌어온
100인의 지식인 마을 주민들